抱　朴

凡世与神界

抱

朴

凡世与神界书系　　　　王仁湘　／著

# 造神运动

艺术考古随记　／　之三
ZAO SHEN YUN DONG

从信仰和神话看中华文明的发生

以考古图像求证神话的本源

以图像神话求证历史的真相

考古物证隐含神话的真相

神话本是人话，神界出自凡间

那些史前时代的图像

蕴含先民虔诚的信仰

闪烁先民精神家园的光焰

上海古籍出版社

**图书在版编目(CIP)数据**

造神运动:艺术考古随记之三/王仁湘著.--上
海:上海古籍出版社,2023.7
(凡世与神界书系)
ISBN 978-7-5732-0726-5

Ⅰ.①造… Ⅱ.①王… Ⅲ.①文物-考古-中国-文
集 Ⅳ.①K870.4-53

中国国家版本馆 CIP 数据核字(2023)第 096825 号

凡世与神界书系

**造神运动**

艺术考古随记之三

王仁湘 著

**上海古籍出版社出版发行**

(上海市闵行区号景路 159 弄 1-5 号 A 座 5F 邮政编码 201101)
(1) 网址：www.guji.com.cn
(2) E-mail：guji1@guji.com.cn
(3) 易文网网址：www.ewen.co
上海丽佳制版印刷有限公司印刷
开本 890×1240 1/32 印张 5.75 插页 4 字数 129,000
2023 年 7 月第 1 版 2023 年 7 月第 1 次印刷
ISBN 978-7-5732-0726-5

K·3387 定价：68.00 元
如有质量问题,请与承印公司联系

# 造作众神

## ——代总序

  宗教与信仰的诞生，也许与人类具有意识的历史一样古老。有的人甚至这样说：宗教是原始文化的精神大全。宗教起源于古远的时代，几乎和人类的生成同步，故而宗教现象在人类最原始的文化中就已经出现。还有的研究者指出：自特有反映意识炽烈地燃烧于人的头脑中以来，神话与宗教就已成为人类历史的一部分。神话的一个共同主题，是赋予非人的自然物与自然力以似人的动机与情感，这与早期的宗教明显是相通的。

  宗教也许并没有这样古老。有人认为，人类的意识自产生以后，在很长的发展过程中处于极低下的状态，不会进行复杂的思维，不会幻想，所以不会有宗教信仰。恩格斯说："宗教是在最原始的时代从人们关于自己本身的自然和周围的外部自然的错误的、最原始的观念中产生的。"宗教大约出现在旧石器时代中期，人类逐渐开始了解自身而无法认识自身的许多奥秘，开始认识自然而无法解释它的千变万化。低下的生产水平使人类在生存搏斗中显得软弱无力，于是在神秘与恐惧中产生了一种幻觉，认为世界上有一种超自然力的存在，还幻想着借助这超自然力摆脱苦痛。那些不能解释的自然力，甚至还有许多平平常常的自然物，被人们逐渐神化了，当作了崇拜的对象，最初的宗教就这样产生了。

在史前时代，所有的人都是宗教信仰者，宗教是他们的宇宙观和思维方式。原始宗教的产生，主要渊源于万物有灵观念，这实质是原始人的宇宙观。在古社会里，人们感觉到的是一种二重世界，以为现实世界不仅是人的世界，同时也是神灵的世界，神灵具有无限的力量，统御着天地与人间。其实，神灵是人类自己从大脑中臆造出来的，人类在创造自己的世界时，也创造了一个鬼魂的世界，人类是众多神灵的造作者。神的世界，就是人的精神世界，至高的神界与平凡的人界是相通的。

在崇拜神灵的过程中，人们神化了自然力与自然物，对高山大川、日月星辰等万事万物都有神秘的理解，宗教崇拜因之产生，这便是最先出现的自然崇拜。史前人类在能力有限的艰难跋涉中，感受到自然力的强大和一些自然物超人的力量，以为它们都是有生命有意志的，它们像人一样也有魂灵主宰，由此生发出自然崇拜，自然力被人格化了，这就是万物有灵观念的产物。先民们认为，人不能为所欲为，还有神在主宰他们，众多的神灵与他们一起生活在这个世界上，神灵既可赐福人类，也会降祸人类，只有顶礼膜拜，才能求得神灵的护佑。

人类学家认为，宗教发展的历史与人类的进化、文化的发展是同步的，不能低估它存在的意义。特别是在人类的童年时代，早期的各种文化形式与宗教都有着不可分割的联系，无论是生活、生产方面的物质文化，还是语言、艺术方面的精神文化，都有依附于宗教的内容。有学者说："宗教就是与超自然力量有关的信仰、态度和行为，而不管这超自然力量是什么——是神灵，是祖先，还是上帝——宗教产生的根源在于人们对自然现象的不能理解，也在于对人类社会感到险恶莫测。宗教便是人们以虚幻的形式来解释和控制这些他们不能控制领域的尝试。"

原始宗教的发展，是经灵魂崇拜和自然崇拜演变而成的，诸神的谱系逐渐系统化、观念化和人格化，进而由偶像崇拜向人格神崇拜过渡。

人类在创造神的世界时，可能有一个逐渐完善的过程。不过最先出现的自然神的崇拜，我们想象不出它们是逐一造成的，还是一群群造成的。在万物有灵观念的支配下，一切自然力与自然物，上自天体，下到大地，所有与人类相关的事物，都可以成为崇拜的对象。人们认为它们各自都有神灵主宰，都具有人类无法超越的力量。根据崇拜对象的不同，自然崇拜可以分为山石崇拜、水火崇拜、动植物崇拜、天体崇拜、大地崇拜等几大类，在史前考古中大体都能找到它们存在过的证据。

山石和水火崇拜的形成，是因为它们与人类生活有着密切的关系。普普通通的石块，一经制作成器，就为人类的生产活动增加了力量，久而久之便形成了山石崇拜乃至石器崇拜。在齐家文化的墓葬中，有随葬小白石的习俗，有时在一座墓葬中发现的小白石达300多块，一些研究者认为这就是白石崇拜的遗迹。这些白石作为随葬品的用意我们已不能完全弄清楚，也许同后来的羌人那样以白石为一切神灵的代表，对此我们无法作出肯定的回答。考古学家们还发现有的史前居民在埋葬死者时，将墓葬的方向朝向山顶，或者朝向远方的高丘，这也可能与山石崇拜有关。

火给史前人类带来了温暖，也带来了威慑，人们对它总怀有敬畏之心，进而引发出崇拜心理，产生了一些特别的崇拜仪式。仰韶文化彩陶纹饰上的火焰纹样，是当时对火崇敬的具体表现。仰韶居民的居址都建有火塘，火塘一侧有火种罐，对用火的管理已有了相当的经验，可见火崇拜的仪轨一定有了很严格的内容。

天体崇拜包括了对日、月、星辰、风云和雷电的崇拜，当然也包括了对上天的整体崇拜。天体崇拜对农业部落来说，是非常重要的，因为天候气象的变化，会直接影响农作物的收成，它关系到人的生存。耕作播种需要降雨，人们要向掌管降雨的雨神祈求；作物的生长需要足够的光照，又得求日神护佑。新石器时代陶工在彩陶上描绘的种种纹样，在一定程度上表现了当时的信仰与崇拜。如仰韶和马家窑文化彩陶上常见的蛙纹、鸟纹及其变体，可能就表现了马家窑人对蛙、鸟的崇拜心理。我们知道，华夏民族在文明初期极其崇拜蛙与鸟，在我们的神话中，鸟为太阳神，而蛙（蟾蜍）为月亮神，这表明日月崇拜出现的时代是很早的，它可能起源于黄河上游地区，是原始农耕文化的产物。黄河下游的大汶口文化陶工，将日月山的复合图像刻划在陶缸上，虽然对它的解释说法不一，至少在客观上反映了当时存在的一种以天体崇拜为主的综合性自然崇拜。

其实在游牧部落中，也并非不流行天体崇拜。我们在内蒙古阴山地区的古代岩画中，看到许多有关天体星座的画面，甚至还有对太阳双手合十的跪拜图像，生动地体现了游牧人拜天的事实。

农业部落不仅重视天体崇拜，而且还十分重视大地崇拜。大地崇拜在农耕文化中表现为地母崇拜，地母即后世所说的土地神。人们生存在大地上，收获在大地上播种的果实，非常自然地视大地为养育了自己的母亲，由此萌发了大地崇拜。大地崇拜的仪式常与农事活动相关联，通常表现为播种前的祈求丰产的仪式，还有获得丰收后的谢神仪式，中国历史时期隆重的"春秋二社"，可能起源于远古时代春秋两季规模较大的祭祀活动。大地养育了人类，所以人类要举行献祭仪式，以此作为报答。史前时代出现的妇女雕像，通常被认为是土地神的象征，它是将地母人格化的神灵。红山文化发现了崇拜地母的祭坛，大地崇拜已有了固定的程式化的仪式。

女神崇拜应当出现在旧石器时代晚期，欧洲的一些旧石器时代遗址出土了不少表现女神崇拜的"维纳斯"雕像。在中国，迄今尚未发现旧石器时代女神崇拜的证据，相信以后会有的。我们只是在红山文化遗址中，发现了用陶土抟制的女性塑像，还见到大型的形如真人的女神塑像，研究者认为那应当是红山居民心中的始祖神。红山人为此盖神庙、砌祭坛，经常举行隆重的祭仪。中国古代传说中的始祖神，是我们在前面已经提到的女娲，她用黄土造人的故事代代相传，伟大的女娲永远是黄土子孙心中的始祖神。

中国古代以"社"为地神，以"稷"为谷神，习惯上将"社稷"的合称作为国家的代名词，我们从中看到了原始宗教打下的深深印记。

我们还注意到，由自然崇拜派生出来的灵物崇拜，在史前时代也极为流行。灵物崇拜的对象比较广泛，包括许许多多的人工制品，大到房屋，小到一般的器具。许多当代原始部落中有佩戴护身符的习俗，这种被认为具有特别神力的小小物件，常常是一种很平常的稍作加工的自然物品，如兽牙、贝壳等，都能作此用。当然有的部落对某些物品可能特别推崇，认为它具有明显的护卫神力，所以用它作为自己的护身符，这实际上就是一种灵物崇拜。在山东和江苏的几处大汶口文化墓地中，都曾发现一些以龟甲随葬的例子，可能是灵物崇拜的遗迹。如山东泰安大汶口的 11 座墓葬中共出土龟甲 20 个，江苏邳县刘林 9 座墓出土龟甲 13 个，大墩子 15 座墓出土龟甲 16 个。另外在四川巫山大溪文化墓地，也发现 4 座墓随葬有龟甲。龟甲在随葬时一般放置在死者腰部，显然是墓主人随身携带的一件灵物，可能起到驱邪的护身符作用，这被研究者认定为是一种龟灵崇拜。后来商代盛行的龟甲占卜，可能与史前时代的这种龟灵崇拜有一定的渊源关系。

我们在主要分布在安徽一带的薛家岗文化中，还见到在一些石器上用红色进行彩绘的现象，这类器具很可能是被当作神器看待的，也是灵物崇拜的表现之一。我在发掘西藏拉萨曲贡遗址时，发现了大量涂有红色的石器，应当具有同样的用意。

自然崇拜是史前人类对自然力无能为力的一种思维方式。虽然人类在事实上依靠自己的双手和智慧取得了进步，可打心底却认定一切都是各方神灵赐予的，于是礼拜愈加虔诚。人类就是在对各路神灵这样的膜拜中，获得一部分生存与发展的信心和力量的。先民们便由此生活在自己营造的神界里，采用崇拜自然的方式来改造自然。

用心造出了那样多的神灵，人们并没有认为就此万事大吉了。神还需要礼拜，人们要通过各种礼仪活动使众神心满意足，以此求得神的护佑。礼拜神灵的最高形式是献祭，神的威严可以在各种献祭活动中得到最充分的体现，只有在这个时刻，人们感觉到与神之间的距离被缩短到了最低限度。对于那些直接主持祭仪的祭师们而言，他们是通神的崇高使者，他们简直成了神的代言人，借助神的灵光享有极高的地位。

人们对神举行的献祭活动，目的非常明确，是一种对神的贿赂行为。《诗经》有"神嗜饮食，卜尔百福""神嗜饮食，使君寿考"之类的句子，表明古人这样一种非常坚定的信念：只有多多献给神灵好吃的东西，神才会保佑人的平安，使人能够多福长寿。我们完全可以相信，这样的信念最早是史前人确立起来的，向神灵献祭饮食与其他物品的仪式在史前时代就已是非常规范化了。

在新石器时代，人们已经开始构筑专用的大型祭坛和神庙，作为日常礼拜神灵的固定场所。有研究者认为，大地湾901号房址规模宏大，建筑质量考究，应是一处召开头人会议或举行盛大宗教仪式的公共设施。室内的大灶台并非用于烹饪，可能是燃烧宗教圣火的处所；室外的12根立柱可能是氏族部落的图腾柱，这样的建筑应是原始殿堂。

红山文化和良渚文化都发现有祭坛遗迹，祭坛布局严谨，规模宏大。在辽宁东山嘴红山文化遗址，发现了一处大型石砌建筑遗迹，经研究，学者们认定属于原始宗教建筑。这是一组相关的建筑，有卵石圆形石台，也有巨石长方形石坛。在圆石台周围发现了女性陶质塑像，表明那是供奉女神的祭坛。方形石坛的附近，出土有玉龙和一些非实用的彩陶器。考古学家们认为，这是一处重要的祭祀地母、农神的宗教场所，它的主人是整个部落或部落联盟。在特定的日子里，人们成群结队长途跋涉来到这里，通过隆重的祭典，献上认为神一定会喜爱的祭品，向神灵表达自己内心的愿望。

就在发现东山嘴的祭坛建筑群不久，又在距离它不远的辽宁凌源、建平两县交界处的牛河梁，发现了规模更大的祭坛与神庙遗址。

牛河梁是一处有严谨布局的建筑群，以山梁顶端的女神庙为中心，周围环绕着积石冢。女神庙是以南北方向布置的多室殿堂，北边为一石筑的大型山台，南边有 3 处大冢和祭坛。女神庙结构复杂，有主室、左右室、前后室等，供奉有女神群像。多数神像比例如真人大小，根据出土塑像残片推测，当时还塑有超过真人 3 倍之大的女神塑像。研究者们由此推测出这里应当是一处以祭祀女性先祖为主的多神礼拜场所，是一处非常重要的宗教中心。

女神庙附近的积石冢，就是用石块砌成的大型墓葬，墓内随葬有许多精美的玉器。这些积石冢的周围，还分布着一些小型墓葬，墓葬与墓葬之间建有圆形石祭坛，墓前还有石块铺成的台面和烧土面，这些都是举行祭祖仪式的处所，附近发现了一些当时用于祭祀的猪骨与鹿骨。由这些发现可以清楚地看出，祭祖对于红山文化居民来说，已经成为传统与制度，祖先崇拜已经进入相当成熟的发展阶段。有的研究者认为，遗址上所见墓祭遗迹的主祭对象是近祖，即真实的祖先；而坛庙主祭的则应是远祖，也即是部落或部落联盟的始祖神。

这种采用坛庙方式祭奠祖先的例子，不仅见于红山文化，在杭嘉湖地区的良渚文化中，也有重要发现。浙江余杭的反山、瑶山和汇观山等遗址，都发现了规模宏大的祭坛遗迹。良渚人在人工堆筑的土台上建起三色祭坛，还修筑有大型墓穴。瑶山发现的祭坛为方形，面积有 400 平方米，中间为一南北方向的红土方台，台上筑有大型墓葬。墓葬中的主人有木棺、木椁，随葬有成堆成组的玉器。多数玉器既不是生产工具，也不是生活用具，而是纯粹的礼仪用器，不少是专用的祭器。后来在余杭的汇观山也发掘到与瑶山相似的祭

　　　　　　　　　　　造神运动

坛，祭坛为长方形三色土台，面积达 1 600 平方米。

　　根据最新的报道，长江三角洲在崧泽文化时期就开始构筑祭坛了，它表明良渚文化居民的祭统是从崧泽文化居民那里承袭来的。浙江嘉兴崧泽文化时期的南河浜遗址，发现了用不同颜色的泥土分块筑成的祭祀土台，结构为方形覆斗状，高 90 厘米，面积约 100 平方米。这样的祭坛，让人很自然地想到北京中山公园里清代的五色土祭坛，它们之间的渊源关系非常明了。

　　礼器的出现，应当是祭祀活动频繁举行的必然产物。中国古代盛行以玉制作礼器，以为玉能通神，这传统显然起源于史前时代。红山和良渚文化居民就已经拥有了这种玉琢礼器的传统，如良渚文化所见的琮、璧、钺，就是专用的祭器。江浙一带 20 多处良渚文化墓地的 50 多座大型墓葬中，出土用于随葬的各类玉器 6 000 余件，有时一座墓中就发现玉器 100 多件，玉器数量最多的是琮、璧、钺三种器形。这些玉器到了青铜时代仍然法力无边：钺成了权力的象征，琮和璧仍是祭天礼地的神器。在中原地区，龙山文化中也发现有礼器，包括具有权杖意义的钺和鼓等。山东地区大汶口和龙山文化中也有琮、钺和鼓，在一些大型墓葬中都随葬有这样的礼器，也许死者生前就是专门的神职人员。

　　史前传统的祭仪，作为献祭的重要内容还包括杀牲活动。杀牲既杀兽，也杀人。考古学家们在红山文化祭坛边发现的兽骨，当为祭祀杀牲的证据。杀人进行祭祀，称为"人牲"，是将人作为献给神灵的牺牲。农业文明中的史前居民，流行地母崇拜，他们认为对地母最大的敬意就是祭献人牲，取人血灌地，为的是祈求农作物能有好收成。在仰韶文化的一些遗址中发现不少非正常死亡的埋葬，不规则的土坑中埋着非常规葬式的死者，有的还与牲畜共埋一处，我们对此可以作出杀祭人牲的推测。类似遗迹在龙山文化时代发现更多，表明杀祭人牲更加普遍了，许多无头死者与多人不规则的丛葬，残缺不全的肢体，都是杀祭现象普遍存在的证据。

在河南地区的一些龙山文化遗址里，相继发现不少奠基牲的遗存，它也是一种相当典型的人牲现象，不同的是献祭的对象不是地母，而是房屋神。在有的遗址，一些较大的房屋居住面下或墙基下，发现有特意埋入的儿童或成人，他们显然是建房过程中处死的人牲，都是奠基用的牺牲品。如在汤阴白营遗址，发现在 2 座房屋内埋有童牲；在安阳后冈遗址，15 座房址内埋有幼童 27 人；在永城王油坊遗址，发现在 1 座房基下埋有人骨架 3 具；在登封王城岗遗址，1 座夯土建筑下的奠基坑中见到 7 具人骨架，有幼童，也有成人。人们相信，献出自己的亲人为牺牲，神灵会保佑居所平安无恙。

在对神灵的虔诚献祭中，史前先民表现得十分慷慨，他们可以毫不吝啬地献出认为是神灵所需要的一切，包括自己所创造的一切美好的东西，甚至是亲人的生命也在所不惜。

原始宗教的表现形式，除了各类崇拜祭典以外，重要的还有巫术、禁忌、卜卦等。巫术作为重要的宗教形式，与史前人类的生产、生活、生殖密切关联，有用于生产、战争、宗教活动的交感巫术与接触巫术，还有以善恶为目的的白巫术与黑巫术。巫术常常成为人们各种活动的先导，人们以一种固定的方式强制超自然力为自己的目的服务。

禁忌又被称为"反巫术"，其实也是广义巫术的一种。巫术是为达到某个目的而施行的积极行为方式，而禁忌则是为回避不幸而施行的消极行为方式。卜卦也是巫术的一种普遍的表现形式，它通过认同的各种自然物的兆示预卜行为的未来结果，或者说是通过认可的仪式主动向神灵请教，其结果称为神示或神断。

宗教被认为是人类文化中一种消极的因素，但它对人类早期文化的发展作出的重要贡献却是不可低估的。如巫术之于原始艺术的产生，对于语言的完善，对于引导人们对天文学、地理学和其他科学知识的关注，原始宗教的作用是显而易见的。宗教对人类早期神话与传说体系的构筑，对人类思维的发展，对人类哲学、艺术、伦理等文化领域的贡献，是不可磨灭的。更有学者如弗雷泽说，人类智力发展过程经历了三个具有世界历史意义的阶段，即巫术、宗教与科学阶段，三个阶段有着非常一致的目的性和心理机制，彼此之间有着不可分割的连续性，在人类文明史上它们是浑然一体的。实际上这三个阶段的发展，标志着人类认识自然的进步，这是从屈服于自然，向掌握自然规律到征服自然的进步。

（节选自知原［王仁湘］：《人之初——华夏远古文化寻踪》，四川教育出版社，1998 年）

# 目　录

# 天国之门

身藏九泉之下，心在九霄云天。

在先人传下的信念里有"生在人间世，死后要进天国"的想法。

天国什么样儿，去了的先人都不曾回还，没有带来什么消息。不过这并不能阻住人们乘着想象的翅膀，飞往天国侦刺一番。

于是，天国就被描绘出来了。描来描去，却是与人间的繁华相去不远。汉代人用心描绘了他们想象的天国，不过并没有太多的细节，最扎眼的就是天国之门，既高且大，堂而皇之。汉代人绘出的天门，通常还特别挂上一个牌匾，上书"天门"二字，其实就是人间所见的双阙。

细细想来，"天门"二字是写给地上人识的，天仙天神不该用地上的字眼。在重庆巫山汉墓中发现N面鎏金铜牌，铜牌上刻画了天国天门，牌作圆形，象征天圆之形。画面热闹满满，不过内容并不繁杂，除高大的双阙作为主体构图外，四神也是常见的角色，他们守护在天庭四方。

图1牌饰图案双阙对峙，大写的"天门"二字非常醒目。下方有一仙人打坐，也许是东王公。四方只有龙、虎、鸟三神，龙首隐没，却冒出半身鹿形，这鹿显然就是北方神了。

图2牌饰中心出现一枚五铢大钱，上书小小的"天门"二字。

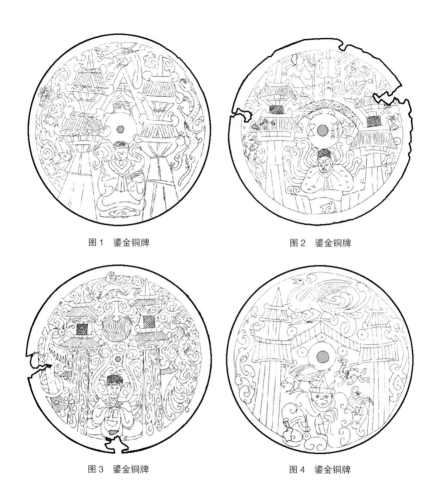

图 1　鎏金铜牌　　　　　　图 2　鎏金铜牌

图 3　鎏金铜牌　　　　　　图 4　鎏金铜牌

　　　　　　　　　　　　　　　　　　　造神运动

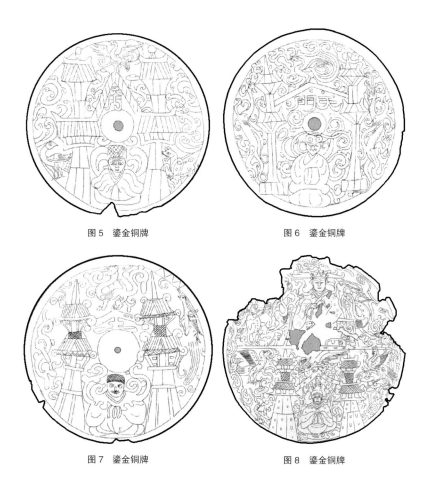

图 5　鎏金铜牌　　　　　图 6　鎏金铜牌

图 7　鎏金铜牌　　　　　图 8　鎏金铜牌

东王公还在，四神未到齐。上首多了两位击鼓仙人，显得更热闹了一些。

在图3牌饰中，东王公还在主位，四神也没到齐，四神似乎不是通行版本，所以只被称作瑞兽，其中有一个是九尾狐。

图4上面，主位出现的是一位手持刀盾的武士，应当是守护天门的卫士。画面上出现了四个动物，却不能确定是四神，其中三个呈带翅的鸟形。

图5中，东王公还在，四神也并不明确，例外的是出现了一条张牙舞爪的狗。原来天门也有看家狗，天上人间，都得设防。

图6中，大大的天门匾悬在二阙之间，主位上坐着的似乎是西王母。有龙、虎、鸟三神，另一神隐没。

图7长着胡须的东王公，现出一副惊愕的表情，画面上只见虎和鸟二神。

图8中，东王公和西王母都到场了。西王母端坐在龙虎座上，跟前有蟾蜍们忙乎着。东王公在天门打坐，也有仙人仙兽陪侍，感觉没有西王母那样高大上。

图9出现在天门的不知是东王公还是西王母，模样不像西王母，但面前跳动着蟾蜍。

图9　鎏金铜牌

图10至图12棺饰上有金光闪闪的天门图像，将它挂在棺上，应当有引导死者升天的意境吧。

图13棺饰相当奇特，外观改作柿蒂形，东王公和西王母都出现

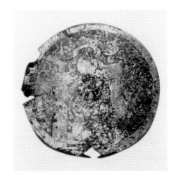

图 10　棺饰

图 11　棺饰

图 12　棺饰

图13 棺饰

图14 摇钱树

　　　　　　　　　　　　　　　　造神运动

了，各占一方的四神也到齐了，可是天门却隐没了！

汉代人铸造的摇钱树上，也见有双阙天门图景，西王母也坐在龙虎座上，玉兔和蟾蜍在两旁忙碌着（图14）。

有天国，自有天门，天国之门，这个想象并不离谱。

天门这个词很特别，天国由大天门进入，这在汉代那会儿，也许是个常识。随后天门被移植到了人间，西安城南门，就称为南天门。南天门也是神话传说中天宫的门户之一，《西游记》孙悟空大闹过的天宫就有南天门。许多双峰对峙的山，也取有南天门之名，如泰山、五台山、华山、雁荡山、衡山等。其中以泰山的南天门最为著名，为十八盘的终点。

有学者说，天门观念起源很早，并不是汉代人的发明。《楚辞·九歌·大司命》中就有"广开兮天门"的想象，《山海经·大荒西经》中也有"天门，日月所入"的传说。当然，汉代人对天门，体现出了更高的热情，《淮南子·原道训》中就有"经纪山川，蹈腾昆仑，排阊阖，沦天门"的说辞，气势很大。

两汉之时，巴蜀之地将传说中的天门，刻画在了埋入地下的石棺画像与铜牌饰上。身埋九泉，心念九霄，并不只是一种浪漫情怀。人们将希望寄托在来世，寄托在天上，人世的悲欢不过都是浮云……

在墓中见到的天门，并非凭空想象，它源于现实。那高大的双阙，本就是汉时比较流行的建筑形式。

古代的阙有城阙、宫阙、府阙及祠庙阙、陵阙、墓阙几种，考古发现年代最早的阙，是东周鲁国都城——曲阜南城门的城阙。

秦汉时，除天子都城宫城外立阙，一些高等级的祠庙、府第、

图 15　巴蜀汉画

图 16　巴蜀汉画

图 18　墓阙

图 17　墓阙

茔域也立阙。当然阙有尊卑的区别，天子所用阙为一对三出阙，一座主阙连两座子阙，秦始皇陵园西面的内外城阙和汉景帝阳陵的南陵阙，就是三出阙。《史记》记汉武帝建章宫凤阙"高二十余丈"，折合46米，实在是高。

巴蜀汉画上见到的单阙与双阙图像（图15、16），高大俊美，胜于铜牌上的刻画。

汉代留存下来的墓阙不少（图17、18），它们的精美，去实地考察才能真正体察得到。或许，这不是天国的影像，而是天国天门的蓝本。

还可以往敦煌走一回，那里留存的汉阙虽然只剩下半体，可具有巍峨气势，还是可以当作天门来遐想的（图19）。天之辽，地之阔，顶天立地的双阙全都告诉你了。

图19　敦煌汉阙

# 神车无轮

有轮有厢，方谓之车。何谓车？一般词典的解释是：陆地上有轮子的交通工具。当然这是人乘之车。如果是神呢？那就不见得是如此了。众神之车，不仅可以不在陆上，而且也是可以没有轮子的。神嘛，自然不同于人。不过人对神应当乘坐什么样的车，是想过并做过精心设计的。人可以造出神来，帮神造出车来也不是什么难事。所以我们在汉画上，就看到了这样的图景，那些传说中的神仙们，不用在路途上奔走，他们驾着飞天车舆，快乐奔驰在八虚四空。

传说夏时奚仲造车，将运载便利带给了人间。汉画上见到的造车轮的图像，也许表现的就是奚仲造车。随后神话中的众神众仙，也开始乘车出行，因此也就有了车载神仙的故事。众神之车，从汉画上可以看到一些具体的描绘，古车可能很早就完成了神化的过程。出自鲁南苏北与其他地区的汉代画像石，有许多画面表现车行场景，其中就有出行的神车。

汉画所见众神之车，最典型的是龙车和鱼车。众神之车并不以牛马为役使。它们与凡间之车有相似之处，也有不同之处。最大的相似是，它们都有类同的车舆；最大的不同是神车无轮，因为神或以天为路，或以水为路，并不在陆地上行走，车无轮似乎也无大碍。古代将神灵车乘称为"云车"，云车是人臆造出来的。

造神运动

图 1　仙人乘云汉画

山东嘉祥武氏祠

图 2　仙人乘云汉画

山东嘉祥武氏祠

神车无轮

在古代传说中，神灵大多乘云而行，其中包括孙悟空和某些妖精们。佛教中的菩萨们也脚踏祥云，须臾万里。其实在汉代的画像石上，我们看到有乘云而行的神灵群像。如山东嘉祥武氏祠的一幅汉画上，有仙人乘云图，以云为车，仙人端坐车上，神人推车行进，还有侍者执便面跟随（图1）。[1] 在同一地点见到的另一汉画上，也有仙人云车图像，不同的是，云车前后还树有旗幡，有五六仙人以长绳挽车，踏云而行（图2）。[2]

汉画上见到的云车常常都没有车轮，而以云为轮。云车表现了一种另类的车文化。云车可以由仙人手推绳挽，也可以由龙虎作牵引。在不少地点都见有带有无轮车的汉画像砖，如四川彭州义和发现的一方画像砖，在五颗星辰的映衬中，一驭者驾着一乘三龙涡轮状飞车急驰在空中，开敞的车舆中端坐着一位仙人（图3）。

图3　雷车画像砖

四川彭州义和

---

1　顾森编著：《中国汉画图典》，浙江摄影出版社，1997年，487页。

2　顾森编著：《中国汉画图典》，浙江摄影出版社，1997年，486页。

图 4　三龙雷车画像石

山东费县潘家疃

图 5　三虎云车画像石

河南南阳英庄墓

神车无轮 13

图 6　双鹿云车画像石

河南南阳

涡轮被研究者认为是雷神的象征，所以这辆车被认为是神话中的雷车。[1]

　　类似的三龙雷车，还见于山东费县潘家疃的一方画像石，画面刻画细腻，只是三龙并未作奔驰状，而是稳健地行进着（图 4）。[2]河南南阳英庄墓也发现有类似的雷车画像石，画面改为三飞虎拉车，车上立鼓，有华盖羽葆（图 5）。与前述雷车不同的是，涡轮改作飘云之形，车轮完全不见了。[3]

1　中国画像砖全集编辑委员会编：《四川汉画像砖》，四川出版集团、四川美术出版社，2006 年，图 178。

2　中国画像石全集编辑委员会编：《中国画像石全集·山东汉画像石》，山东美术出版社、河南美术出版社，2000 年，图 91。

3　中国画像石全集编辑委员会编：《中国画像石全集·河南汉画像石》，山东美术出版社、河南美术出版社，2000 年，图 170。

**图 7　三鹿云车画像石**

山西离石马茂庄

　　河南南阳出土的另一方鹿车升仙画像石中，驾车的是两只奔鹿，鹿车无轮，车下云气飘飘，车后有执仙草侍者和奔鹿相随（图6）。[1]相似的鹿车还见于山西离石马茂庄所出的画像石，只是双鹿改成了并驰的三鹿（图7）。鹿车更近于凡间实用之车，但没有轮子，所以它不会在陆上奔驰，与凡世无干。[2]

　　更有意思的是，汉画中还有许多鱼车图像，驾车的龙虎鹿改换成了大鱼。山东滕州就见到这样的鱼车画像石，驾车的是双鱼和四鱼，不过鱼车带轮（图8）。[3]山东邹城南落陵村的一方画像石上有

1　中国画像石全集编辑委员会编：《中国画像石全集·河南汉画像石》，山东美术出版社、河南美术出版社，2000年，图219。

2　中国画像石全集编辑委员会编：《中国画像石全集·陕西、山西汉画像石》，山东美术出版社、河南美术出版社，2000年，图283。

3　顾森编著：《中国汉画图典》，浙江摄影出版社，1997年，487页。

图 8　鱼车画像石

山东滕州

图 9　鱼车画像石

山东邹城南落陵村

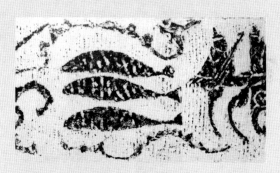

图 10　鱼车画像石

河南南阳

图 11　鱼车画像石

河南南阳王庄

图 12　鱼车画像石

山西离石马茂庄

　　　　　　　　　　　　　　　　　　造神运动

无轮鱼车图，车上立杆悬两鱼，三鱼驾车，前有鱼人导引（图9）。[1]
无轮鱼车画像石在河南和山西都有发现，如河南南阳的一方画像石
上，三鱼驾车，车无轮，与前引云车相同（图10）。

最精致的鱼车图见于河南南阳王庄的《河伯出行图》，四鱼并
驾，缰辕齐整，还有乘鱼仙人随行（图11）。[2] 山西离石马茂庄的鱼
车，也是四鱼并驾，也有羽人骑鱼护卫（图12）。[3]

云车风马，是中国古代神话中的神仙车乘，如晋人傅玄《吴楚
歌》所云：

云为车兮风为马。

《淮南子·原道训》说：

昔者冯夷、大丙之御也，乘云车，入云蜺，游微雾。

《文选》中有曹植《洛神赋》曰：

载云车之容裔。

————————

1　中国画像石全集编辑委员会编：《中国画像石全集·山东汉画像石》，山东美术出版社、
河南美术出版社，2000年，图77。

2　中国画像石全集编辑委员会编：《中国画像石全集·河南汉画像石》，山东美术出版社、
河南美术出版社，2000年，图155。

3　中国画像石全集编辑委员会编：《中国画像石全集·陕西、山西汉画像石》，山东美术出
版社、河南美术出版社，2000年，图287。

刘良注说：

> 神以云为车。

云车古时又称"云轮"，南朝梁人陶弘景的《真诰·运象一》说：

> 若夫仰掷云轮，总辔太空。

云车之说，也见于正史文字。《史记·孝武本纪》说：

> 文成言曰："上即欲与神通，宫室被服不象神，神物不至。"乃作画云气车。

一般的理解是，云车是以云彩为装饰花纹的车子，所以后来云车又泛指华贵之车。于是唐代李白《寄王屋山人孟大融》诗句云：

> 所期就金液，飞步登云车。

顾况《上元夜忆长安》也说：

> 云车龙阙下，火树凤楼前。

古代作战时用来窥察敌情的楼车也称云车，如《后汉书·光武帝纪上》所说：

> 云车十余丈，瞰临城中，旗帜蔽野。

李贤注曰：

> 云车即楼车，称云，言其高也。

这类云车，则又另当别论了。

神仙乘云车的传说在后代仍然在流传，所以宋人范大成《祭灶词》说：

> 古传腊月二十四，灶君朝天欲言事。云车风马尚留连，家有杯盘丰典祀。

灶君也要备云车风马，要上天去见天帝。

神话传说无形无像，汉画却将传说中的众神众仙之车作了形象展示。传说神灵仙人以云为车，但何为云车，过去并不能详知，有了这些汉画，云车之疑烟消云散。云车以云作轮，是云轮之车。

汉时神仙之说盛行，汉画上的许多画面表现了神仙题材，云车与鱼车就是这样一些题材。那乘车的又是什么神灵呢？

龙虎所驾云车的主神，一些研究者视为雷神。雷神有丰隆之名，《楚辞·离骚》说：

> 吾令丰隆乘云兮，求宓妃之所在。

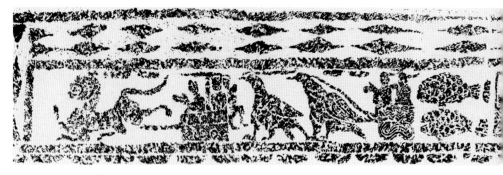

图 13　四方神车出行图
徐州狮子山汉画艺术馆

云车上立鼓，隆隆之声正象征雷声。大鱼牵引的鱼车，研究者一般认为车主为黄河水神，就是大名鼎鼎的河伯。河伯本名冯夷，后渡河淹死，天帝封之水神。依《九歌》所吟，河伯乘水车驾两龙，那水车就是鱼车，而引车之龙也就是鱼龙。

　　看过了众神各式车驾，并不完全明白车主是何方神灵。不过当看到徐州狮子山汉画艺术馆收藏的巨幅汉画（图 13），或有顿悟之感——这不是四方神么！

　　正是四方神。

　　最右是龙车——东方神；

　　最左是虎车——西方神；

　　中间居左是鸟车——南方神；

　　中间居右是鱼车——北方神。

　　画像中前三像定无疑义，只有鱼车有些费解，本应取玄武灵龟

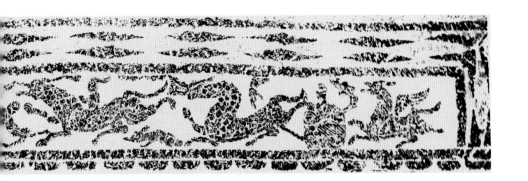

之像才是。

　　我们注意到《山海经》说北方神禺强为鱼身，也许鱼形是北方神的另象。还有鹿形也曾用作北方之象，所以鹿车亦为北方神车驾。

　　另河南永城芒砀山梁孝王王后墓中，墓室顶部有大型壁画《四神图》，中间绘一条 7 米长腾龙，东有朱雀，西有白虎，北绘一鱼。这鱼显然是北方神之象。这是西汉早期的作品，是四象的另一个版本（《神掌五方》图 12）。[1]

　　在汉镜上有龟车图像和鱼车图像，更说明北方神之象的多重性。宋镇豪先生说，甲骨文标示北方常常绘出鱼形，可见北方与鱼有不解的因缘。

　　汉画中以云车出行者，也许还有其他一些神灵，还需要进一步辨识。众神借用了人间出行的工具，在概念上又多少有了些变化，

---

1　阎道衡：《永城芒山柿园发现梁国国王壁画墓》，《中原文物》1990 年 1 期。

当然这种改变是人类智慧的体现。古代传说中的众神之车、无轮之车，以鱼力和龙、虎、鹿力挽车，在空中、水下急驰，这样的车只不过是人们的一种幻想。

在古代社会，无轮车，尤其是空中飞车，只是人们的一种概念、一种幻想，但这样的概念或幻想却是科学发展的一个动力，在当今都已成为现实，现代的飞机与潜艇，可以看作是古代无轮车概念的延伸。

现代汽车制造业十分发达，汽车依靠车轮转动，在路上行驶。不过近些年，一款面向未来的无轮的 RSQ 车也有了一些新概念，这是用旋转球代替传统车轮，以金属镁做原材料制作而成的。用旋转球代替轮子，使车子自由地向前或向后行驶，或无障碍地左右侧平移动，在驾驶的灵活性和转向的方便程度上，都比有轮车高出很多。

历史就是这样，有时科学从神话与幻想中获得灵感，神话也从科学与发现中丰富细节。

本文原名"无轮神车——汉画神灵出行图景"。

# 四神问疑

2016 年 7 月 1 日，新华社发布一则题为"陕西渭南发现西周'玉玺'"的考古新发现报道，全文如下：

新华社西安 7 月 1 日专电（记者陶明、冯国）

记者从陕西省渭南市文物旅游局获悉，渭南市文物工作者近日在古墓葬抢救性清理发掘过程中，意外发现了西周早期龙钮形印和青铜簋各一件，对于研究中国印章艺术史具有重要价值。

据了解，这处古墓群位于澄城县王庄镇柳泉九沟村西部。自 2014 年以来，这里先后发生多起田野古墓被盗扰的文物违法犯罪案件。文物、公安等部门加强巡查，先后抓获犯罪嫌疑人 20 余人，并成立了古墓群调查勘探和清理发掘领导小组，进行抢救性清理发掘工作。

渭南市文物旅游稽查支队文物大队队长同学孟表示，在一次发掘清理中偶然发现龙钮"玉玺"和青铜簋各一件。"玉玺"的印面为凹面，内凹约 0.2 毫米，由十字界格区分。印文所表达的内容，可能是一种表义性的文字画，初步分析第一字为"龙"或"蜀"，第二字为"鹿"，第三字为"虎"，第四字为"鹰"。

古文字专家周晓陆教授鉴定，这是西周早期墓葬中首次出现随葬的玺印，是我国印史上目前所见最早的玉质印章，也是目前中国发现的最早龙钮"玉玺"。

据介绍，直至目前，商周时期发现的玺印均以鼻钮为主，而这枚玺印突兀地使用了立体的龙钮，在印钮史上是空前的创制。龙钮在秦汉以后的公印中有极高的地位，出土的这枚玺印或为公印性质，其内容有待进一步揭示。[1]

渭南新发现的西周"玉玺"，钮形与印文都很特别，是绝无仅有的新发现。钮形暂且不论，我想专就印文的内容提出一点认识（图1）。

印文四个，以十字形将印面分成四区，四字各占一区。按公布的图片看，印文的排列是以正十字为方向的，初步推测"可能是一种表义性的文字画，初步分析第一字为'龙'或'蜀'，第二字为'鹿'，第三字为'虎'，第四字为'鹰'"。以右下为第一位，然后按逆时针方向排出二、三、四位（图2）。

对于这四个字的初步认读，大体是可取的。第一字应当是龙而不是蜀，其余三字为鹿、虎、鸟。这第四字只可认作鸟形，可以是凤，而不能肯定为鹰。第二字也存疑，可能为鹿字，也可能是别的字。

印文使用的这几种动物的图文，是什么意思？明白它的含义并不容易，但如果变换一个角度，也许就有了一些新的认识。

有了龙、虎、凤，如果再有玄武介入，换掉那个鹿，这个印文

---

1 http://news.xinhuanet.com/local/2016-07/01/c_1119146866.htm.

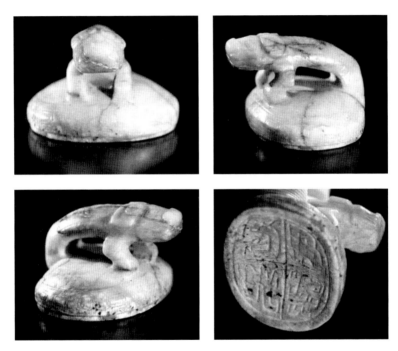

图 1　渭南出土西周玉印

图 2　印文　　　　　　　　　　　　图 3　印文

图 4　印文　　　　　　　　图 5　周代四象铜镜拓片

采自中国科学院考古研究所编
《上村岭虢国墓地》

造神运动

顿时就有了新的意义，这不就是四神吗！

可惜我们不能随意变换这个字。不过先转换一下看印文的方向还是可以的。我们不取正十字方向，换个斜十字方向，这样虎就到了右边，龙到了左边，上边是凤，下边是鹿。这不很容易让我们想起"左青龙，右白虎。上朱雀，下玄武"的四神图来？没错，就是四神的格局，问题只在于出现了一个错位的鹿，玄武没有出现（图3）。

这个鹿是从哪里来的？为什么不见玄武？

原来北方神具有多面性，起初不仅鱼扮演过这个角色，还有鹿也曾用作北方之象，对此，冯时先生在《星汉流年》一书中有明确申论。他说四神中的玄武，最早只见于汉初成书的《淮南子》，在这之前则有《吕氏春秋》中提及的龟。他认为四象起源很早，可以早到6000年前，不过最初玄武未出现，它的前任有蛇，有龟，有鹿。

从渭南玉印上看到了这个鹿，它显然是与凤鸟（朱雀）相对的北方神。这样看来，这方玉印就是四神印。确认玉印为四神印，也是前所未有的重要发现。

将印文再旋转180°，也就完全符合我们现代的方位观了，左龙右虎，下凤上鹿。玉印上的四神，应当还是属于肖形一类，并不能认定就是文字，所以可称为"四神肖形玉印"（图4）。

当然这不是第一次发现周代的四神图像，早年上村岭虢国墓中就发掘出一枚四神铜镜，四神更为图形化，也是龙虎凤鹿（图5）。这次的新发现再次印证了早期四神体系中含有鹿这个特别的角色，对于古代四象的演变研究具有重要意义。

# 神掌五方

当卢，觉得正写应作"当颅"，是古代马额头上的饰品。这物件最早见于《诗经》，《大雅·韩奕》中有"钩膺镂钖"一句，郑玄笺云"眉上曰钖，刻金饰之，今当卢也"。孔颖达疏也说，"钖，马面当卢，刻金为之。所谓镂钖当卢者，当马之额，卢在眉眼之上"。北周王褒《日出东南隅行》说"高箱照云母，壮马饰当颅"，此之谓也（图1）。

汉代已写作当卢，也许是懒得写"颅"那么繁的字吧。

看看秦始皇陵出土的铜车马，高昂着的马头，额上的那片装饰，正是当卢（图2）。汉代当卢出土不少，最流行的款式有尖叶形和圆盘形两类，一般以青铜制作，有的鎏金，有的造型和纹饰都很精致。满城中山王刘胜墓出土有当卢（图3），他夫人窦绾亦随葬有当卢（图4）。

圆盘形的当卢，镂出各种动物纹饰，有的温文尔雅，有的龇牙咧嘴，风格迥异（图5）。这家什挂上马头，更像是logo一般，刘家的马，李家的马，互不混淆。

海昏侯墓也出土了当卢，出了多少，会有多少，目前还不得而知。见于媒体报道的有一件当卢，虽然保存得非常不好，修复后却精美异常（图6）。

海昏侯墓随葬有真车马,自然就配有当卢。这件当卢精致之极,其制作方法还不是很清楚,复原出来的纹饰非常细腻,应当是金银镶嵌的作品。整体图形取自四神,有龙、虎、雀、玄武,构图活泼严谨。

龙是双龙,是交龙,中间居然还有个御龙的把式——神人。长肢细腰,肌块不彰,却力大无比。他长着翅膀,所以能随着龙体一起飞腾。青龙,是东方神龙(图7)。

飞龙下面,出现的是虎。虎头高昂,长尾如鞭,足跨龙体,气势汹汹。白虎,是西方神虎(图8)。

跳跃一图往下瞧,我们看到的是一只鸟儿,在两龙尾梢头亭亭玉立,尖喙长尾,双翅半展,姿态可掬。朱雀,是南方神鸟(图9)。

再往最下端看,是一只大龟。图片不甚清晰,龟体明确,但不知前伸的头颈是不是属于那条伴蛇的。有龟之象,无疑应当是玄武。或者是一只单龟,它也曾经单独出演过这一角色。玄武,是北方神龟(图10)。

青龙、白虎、朱雀、玄武,这样四神就齐备了。

不过,这件当卢要表现的似乎不限于这四神四象。在这四神的行列里,我们看到了一位侵入者。侵入者是一只鹿,头上耸立两角,身上有明确的斑点,而且作奔突中的回首状,仪态生动。它的位置在虎和鸟之间,处在四神的中间(图11),这是怎么回事?难道它也是一方神灵?

我们可以确认,在四神的团队中出现了介入者。如果它也是一方神灵,这四神就变作了五神,前朱雀后玄武,左青龙右白虎,鹿的位置在哪里，它又是什么色彩，是黄鹿么？

由甲骨文的发现看，四方与四方风观念的形成，不会晚于商代。但将四方配以象征性的动物形象，甚至绘出它们相聚在一起的图形，那就很晚了，前朱雀后玄武，左青龙右白虎，恐怕只能追溯到汉代或汉以前不久。就说在西汉，玄武的出场似乎并不平顺，甚至在相关考古图像上见到的是鱼而不是玄武。

在河南永城芒砀山梁孝王王后墓中，墓室顶部大型壁画《四神图》的中间，绘有一条7米长的腾龙，东有朱雀，西有白虎，北绘一鱼（图12）。这鱼显然是北方神之象。这是西汉早期的作品，是四象的另一个版本。联想到《山海经》说北方神禺强为鱼身，也许鱼形就是北方神的另象。

北方神具有多面性，对此冯时先生在《星汉流年》一书中申论明确。他认为四象起源很早，可以早到6 000年前，不过最初玄武并未出现，它的前任有蛇，有龟，有鹿。这个鹿即是后世说的麒麟。玄武取代麒麟以后，麒麟又被移作中央神，这样五方神就出现了。麒麟应当是黄色的，与先前的四神互为关照。这虽然与五行家的学说有关联，可是中央土或后土，毕竟是人的立足之所，设计出一个护卫神，也是理所当然的。

其实在以往发现的汉代当卢上，也见到过四神。从一些圆盘形当卢看，四方神已入当卢，并没有什么忌讳（图13）。

因为海昏侯的发掘，我们在四神之外又见到了五方神——神鹿或称黄色麒麟。大刘家当卢上的鹿，不就是这一神灵么？它被安置在中央位置，暂时不可撼动。

再看海昏侯墓发现的当卢五神，御双龙的那个飞人，兴许就是

　　　　　　　　　　　　　　　　造神运动

图 1　当卢使用示意图

图 2　秦始皇陵铜车马马首上的当卢

神掌五方 33

图 3　刘胜墓出土当卢　　　　　图 4　窦绾墓出土当卢

图 5　圆形青铜当卢

图 6　海昏侯墓出土当卢

图 7　当卢上的龙首

图 9　当卢上的朱雀

图 8　当卢上的虎形

图 11　当卢上的鹿形

图 10　当卢上的玄武

图 12　河南永城芒砀山梁孝王王后墓墓室顶部壁画四神图

　　　　　　　　　　　　　　　　　造神运动

图 13　四神当卢

图 14　海昏侯墓出土当卢

造神运动

东方神的化身。《山海经》之《海外东经》说："东方句芒，鸟身人面，乘两龙。"句芒，是他吧？

五神，是特定时代的创意，这个创意并没有影响太久，东汉时代的艺术品上出现了一统的四神图像，玄武牢牢立定在北方，奔鹿并未回归原位，在中央位置也很难见到它的身影。

不久前在一则报道中，披露了海昏侯墓出土的另一件铜当卢（图14）。这件当卢不仅有新神现身，还印证了前揭当卢涉及的推论，非常难得。

两件当卢有异曲同工之美，外形与工艺、纹样风格与题材均相同，应当出自同一工匠之手。不过纹样取材有些微区别，同是表现四神，四神却并不全同。

两件当卢纹样的不同主要在于：

1. 新见当卢出现了日月图形，并描绘出了日月神。上面左为月，月中见奔跑的兔和跳跃的蟾蜍；右为日，日中有展翅飞翔的阳鸟。

2. 前件当卢的四神图为龙、虎、雀、龟，再加上鹿，合成五神。新见当卢的四神图为龙、虎、雀、鱼，不见龟、鹿，加上日月神，合成六神。

新当卢中见到的日月神图像比较好理解，这是汉画中见惯了的图像。最引人注意的是鱼的出现，它可能会使许多观者百思不解。鱼也曾是四神体系中的一员么？

鱼，还真的曾是四神之一。讨论前件当卢时，已经提及鱼是早期的北方神标志，还援引河南永城芒砀山梁孝王王后墓大型壁画《四神图》作证，认定四神为腾龙、朱雀、白虎和鱼。很确定地说，壁画中的鱼是北方神之象。这是西汉早期的作品，是四象的另一个版本。而且联想到《山海经》说北方神禺强为鱼身，也许鱼形就是北方神的另象。

北方神具有多面性，鱼确曾扮演过这个角色。过去在讨论汉画四神之车时，提到在龙车、虎车、鸟车之外，也见到鱼车，那就是北方神的宝车。

海昏侯当卢的出现，为我们认知古代的四神体系开了半扇窗。感觉还会有更多的当卢，还会有更多的故事，我们继续等待新发现带来的新消息。

造神运动

# 王者之钩

　　刘贺墓出土的诸多玉器都非常精致，媒体揭示过一件玉带钩，整体观察工艺虽精，但形制与纹饰平平，我们曾评价说缺乏王者之气，而且推测应当有更精致的带钩出土（图1）。

　　果不其然，内棺又出土数件玉带钩。内棺左右两侧，在中腰附近，各出土一件玉带钩。两带钩玉质通透，呈翠绿之色，光滑润泽，做工极精，系用同一块玉料制作，由大小取材及纹样布局与风格观察，两钩应出自同一玉工之手（图2）。纹样选取四神为题材，钩作龙首螭尾形，钩面浮雕长尾凤形，钩钮面上线刻一龟形。龙螭呼应，凤龟相对，合四面方位（图3）。因两钩同料同工同大同式同纹，可以称作"五同四神双子玉带钩"。

　　这样的四神双子玉带钩，考古也是首次发现。过去曾出土双子铜带钩，一般并联使用，可以加强带钩的拉力（图4）。刘贺的四神双子玉带钩，出土时并没有在一处，它们并非捆绑使用，但还是可以称作双子钩，如双胞胎一般。这样的玉带钩可称为王者之钩，王者爱双钩，也是有故事的。

　　巴蜀带钩有自己的特色，也受到中原人的喜爱。魏文帝曹丕《与王朗书》，丕白："不受江汉之珠，而受巴蜀之钩，此言难得之贵宝，不若易有之贱物。"曹丕引用了当时的流行俗语，所谓"不爱江

图 1　早先披露的刘贺玉带钩

图 2　同料同工同式同纹同大之刘贺五同四神双子玉带钩

　　　　　　　　　　　　　　　　　　　　　造神运动

图 3　带钩正、背面和钮面

图 4　洛阳出土战国铜双钩

王者之钩

汉之珠，而爱巴蜀之钩"，即不追求高贵的江汉珍珠，而更喜欢平常的巴蜀带钩。在曹丕看来，与其追求很难得到的宝物，不如求取容易得到的实用之物。类似的言语见于早出很多年的《吕氏春秋·重己》，原文为"人不爱昆山之玉、江汉之珠，而爱己之一苍璧小玑，有之利故也"。

贵重的珍宝，为一般人所难得，并非不爱，正像《吕氏春秋》所说是爱不着。曹丕将江汉之珠与巴蜀之钩对比，将贵与贱对比，将易得与难得之物对比。《吕氏春秋》提到的对比物是苍璧小玑，而曹丕提到的是巴蜀之钩，可见巴蜀之钩在当时是易得之物。古时比喻细小寻常事物都拿带钩说事，如"盗钩者诛""以钩注者惮""钩金舆羽"等，曹丕的话正是用了这样的古意。

魏文帝还有一纸《答刘备》信，透露出了一点相关信息。文曰："获累纸之命，兼美之贶，他既备善，双钩尤妙。前后之惠，非贤兄之贡，则执事之贻也。来若川流，聚成山积，其充匮负顿府藏者，固己无数矣。"信中说刘备给曹丕写了一封长信，送来了许多礼物，几乎是应有尽有，礼物多得像流水像山堆，其中最受曹丕注意的是"双钩"，用了"尤妙"这样的词称赞。

曹丕偏爱的"双钩"，应当是他曾提到的巴蜀之钩中的一种。这样的带钩，有可能是一钩两首的双钩连体，也有可能是两枚相同的带钩并联使用，有时或者多枚并列使用。

考古发现有战国时代连体的双首带钩，在战国墓中也屡见双钩或多钩并用的实例。如河北邯郸百家村 3 号墓三殉人，一人腰部并列横置两枚带钩，另两人腰部也横置两枚带钩，57 号墓一殉人腰部横置并列的两枚带钩；[1] 河南辉县褚邱 2 号墓人骨腰部也见并列的两枚带钩；[2] 山西长治分水岭 25 号战国墓发现四枚并列的等长带钩，钩背除钮以外，中部还有一方环形鼻穿，[3] 这样的带钩无疑是并联使用的。并联带钩与连体带钩是为了加强带钩的张力，以增强束带的力度。

双钩之制在战国已不稀见，汉时以至汉末巴蜀双钩妙在何处，我们还不得而知。

先曾著文考证，双子带钩有可能最先出现在吴国，吴国故地有良渚先人，他们是 4 000 多年前带钩的发明者，吴地制作带钩有久远的传统。至战国时中原也流行双子带钩，巴蜀之地后来居上，造出了让登上帝位的曹丕赏识的双钩。

现在又见到刘贺墓出土的精致的双子玉带钩，这玉钩较之铜钩，又珍贵许多了吧。

1  河北省文化局文化工作队：《河北邯郸百家村战国墓》，《考古》1962 年 12 期。

2  中国社会科学院考古研究所：《辉县发掘报告》，科学出版社，1956 年。

3  山西省文物管理委员会、山西省考古研究所：《山西长治分水岭战国墓第二次发掘》，《考古》1964 年 3 期。

# 玄鹤何来

古代四方四神，我们知道的是"前朱雀后玄武，左青龙右白虎"。这一套四神体系可以追溯到汉代或汉以前，但却不是最早的也不是唯一的四神体系（图1）。

我们在出土文物上，常常可见到四神图像，四神在古代是普遍

图 1  汉代四神瓦当

造神运动

的信仰。我们在古代文献中，也经常读到四神的故事，得知四神的不凡来历。古今许多学者研究过四神信仰，揭示过不同时代的四神体系，让我们得以了解四神角色发生的变动。

四神确实存在不同时代的版本，甚至在同一个时代也出现过不同版本，在此我们将揭示又一个前所不知的四神版本。

四神系统的版本变化，一般只体现在北方神上，以北方神为基准，可以区分出若干个版本，有鹿版、鱼版、蛇版和龟版，也有玄武版。玄武出现后，四神体系基本定型，不过也有短暂的变化，如一度用玄鹤取代玄武。玄鹤版体系存在于西汉后期，虽然不见于文献记述，但考古中却发现了一些迹象。

我们提及四神，一般指龙、虎、鸟和龟四神，加入五行色彩，便成为苍龙、白虎、朱雀和玄武。这被看作是四神的定式，或者说是主流体系。

四神中的朱雀，这个雀自然不可太认真，尤其不可用现代认知的雀去理解它。这个雀是鸟，而且应当是大鸟，不是小雀。究竟具体是什么鸟，也不可太较真，神鸟，无须与任何鸟相对应。朱雀在汉代也有直接称为凤凰的时候，这样一来，就真的不是任何一种凡鸟可以比附的了。

新近发现的南昌海昏侯墓，出土有一面偌大的铜方镜，起初被认作是屏风，但实验室清理中发现它附有漆文"衣镜铭"，证实其实是衣镜。让人觉得意外的是，衣镜边框漆绘四神，有青龙、白虎和朱雀，另一图模糊不清，按理应当是玄武（图2）。

我们注意到，衣镜铭也提到了四神，为"右白虎兮左苍龙，下玄鹤兮上凤凰"。将通常说的朱雀直接写成了凤凰。更让人惊奇的

上方边框的朱雀与东王公西王母

右侧边框上的青龙

左侧边框上的白虎

镜框下方图像

图2　刘贺衣镜框边框彩绘图案高光谱扫描图

是，玄武变成了玄鹤，这个变化为我们过去所不了解。很显然，玄鹤取代了玄武，画面中那个不明确的神，也许就是玄鹤（图3）。

　　当然这个不明确的画面，也许与四神无关。因为玄鹤，其实就绘在衣镜铭下面，这与"下玄鹤兮上凤凰"的漆文正相吻合（图4）。

　　这样，我们就又获得了一个四神新版本——玄鹤版。这个改变来得比较突然，不知是海昏侯刘贺个人的改变，还是那个时代就认

　　　　　　　　　　　　　　　　　　　　　　　　　　造神运动

同这样的改变，更不知为何会有这样的改变。普遍认同的玄武就这样换成了玄鹤，它的意义何在呢？

玄鹤，一般理解为黑鹤，在西汉之前的文献中就出现了。《韩非子·十过》说：师旷鼓琴时，"有玄鹤二八南方来，集于郎门之垝"。晋崔豹《古今注·鸟兽》说："鹤千岁则变苍，又千岁变黑，所谓玄鹤也。"

又见干宝《搜神记》中记有一则叫作"玄鹤衔珠"的寓言故事：哙参寓居河内，养母至孝。曾有玄鹤，为戎人所射，穷而归参。参收养，疗治其疮，愈而放之。后鹤夜到门外，参执烛视之，见鹤雌雄双至，各衔明珠，以报参焉。说的是玄鹤有情，有因果报应的寓意。

当然也见到龟鹤相提并论的例证，都比喻长寿。如晋葛洪《抱朴子·对俗》说："知龟鹤之遐寿，故效其道引以增年。"又《文选·郭璞〈游仙诗〉》说："借问蜉蝣辈，宁知龟鹤年？"李善注曰："《养生要论》曰：龟鹤寿有千百之数，性寿之物也。"

汉晋对长寿的期待，都用龟鹤来比附。出土的汉代瓦当上，就见到一些仙鹤延年的图文。古人对长寿的追求，从此与鹤相关联（图5）。

龟鹤均为长寿之物，古人视为神灵，所以在四神系统中，才会出现以玄鹤取代玄武的事。这样的取代，只有海昏侯墓这一个孤证么？

其实，四神体系中以玄鹤取代玄武，还有其他例证存在。在汉四神铜镜中，见有龙、虎配二凤的图像，这二凤即是朱雀与玄鹤（图6）。

图 3　海昏侯衣镜铭中的四神漆书　　　　图 4　衣镜铭下所绘玄鹤

　　　　　　　　　　　　　　　　　　造神运动

图 5　汉代鹤纹瓦当

图 6　汉代四神镜

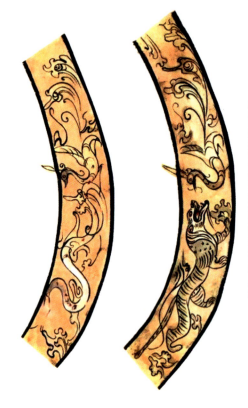

图 7　洛阳木工厂 M10 出土汉代彩绘四神壶纹饰　青龙白虎朱雀玄鹤

　造神运动

图 8　国家博物馆藏汉代彩绘四神壶

图 9　故宫藏汉代龙凤纹彩绘陶壶

造神运动

图 10 新疆尼雅出土五星出东方利中国织锦

在汉代的一些彩绘陶上，也见到类似例证。往年在洛阳北郊一座西汉砖石墓中发掘出土"四神彩绘陶壶"，四神中就没有见到玄武。陶壶圆腹墨绘"四神"，一面为头向一致的朱雀和青龙，另一面是相向的白虎和"朱雀"。四神中的两朱雀，其实一为朱雀，另一当为玄鹤，都绘作凤形（图7）。

这类四神壶，在洛阳还有一些发现，国家博物馆也收藏有一件。此壶一直被称作四神壶。大约由于画面上不见玄武，觉得称四神并不恰当，所以现在改称为"彩绘青龙白虎朱雀纹陶壶"了（图8）。

类似的西汉四神壶，在故宫也收藏有一件，称为"凸雕龙凤纹彩绘陶壶"。通体彩绘，腹部"为凸雕龙、虎、凤相互追逐于流云之间，色彩绚丽，线条流畅婉转，画面生动活泼"。壶上也是龙虎＋两凤，一龙一虎，和朱雀、玄鹤，仍然是一件四神壶（图9）。

新疆尼雅出土的"五星出东方织锦"，以宝蓝、绛红、草绿、明黄和白色等五组色经织出星纹、云纹、孔雀、仙鹤、辟邪和虎纹。其中的孔雀，绘有凤冠，是凤鸟。辟邪如视为飞龙，那么这些神兽神鸟就是四神，而且是含有玄鹤的四神（图10）。

由此又想到汉代玉器上见到的龙虎凤组合构图，意义不明。看作四神或觉牵强，因为省略了玄武，但未必不是一凤担朱雀与玄鹤两职？存疑。

汉代人有饱满的追求仙道的热情，长寿成仙是他们的终极梦想，因而将长寿理念融入四神，让玄鹤进入四神组合，也是可以理解的吧。由此看来，刘贺衣镜铭上出现的玄鹤，一定不是他个人意志的体现。

# 远古造神

神是什么样子？也许这话问得太笼统，因为各种各样的神应当不会是同一个样子。不论什么神灵，都是先人次第造出来的，而且大多是以人自己为模特造出来的，所以常常是半人半兽的样子。同理，鬼的模样也是以人自己为模特造出来的，也为半人半魔的样子。相比而言，神的模样狰狞，鬼的模样恐怖。

"看你那鬼样子！"这是说不像平常样。鬼样子什么样，不知道。网络上说某摄影师拍摄到鬼样子，一看还是人的模样，恐怖一些而已，所以别信以为真。

"瞧他那么神叨叨的！"这也是说不像正常人样。神又如何叨叨，不知道。很多人心中都驻着神，神究竟是什么模样，也并不明白。

人造出的神与鬼，不论多么狰狞，不论多么恐怖，本质都是人模人样。

在史前艺术中，有一些半人半兽的艺术形象，都被我们认作是神面，是神灵人格化的偶像。这样的神面带点恐怖，你觉得它像人，但并非人。神面的狰狞，在史前艺术的表现上大约是一个通例，圆睁的大眼，龇出的獠牙，恐怖之态令人惶惑。这样的神面，是史前人制作的神灵的简化图形，它并不只是头面，而是以头以面代表神灵本体，头面是神灵完形的一个象征，是一个简约的造型。

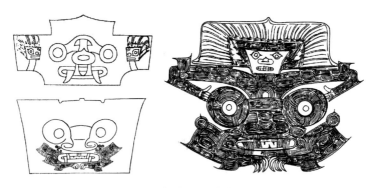

图 1　良渚文化玉器上的神面纹

　　比较受研究者关注的有良渚文化玉器上雕刻的神面。神面装饰在一些玉牌、玉钺和玉琮等礼器上，面上刻有向上或向下龇出的獠牙，显出庄重与威严之感。从良渚人制作的神面看，有的神面是有体有面的完形，而大多是简化的只有嘴与眼的脸面。大量的神面都是这样简化的结果，而最经典的简化，就是只留下神的一双眼睛。玉琮上许多神面，只有眼或嘴的刻画，或者连嘴也不见了。这样看来，对于良渚人来说，神的眼睛应当是最受他们关注的（图1）。

　　若干收藏在各地博物馆的传世品玉神面，是研究者经常提到的，如美国福格美术馆收藏的一件，旧金山亚洲艺术博物馆收藏的一件，都有龇牙瞪眼的模样（图2，1、4）。这些收藏品的年代并不容易确定，有的可以早到新石器时代，有的可能晚到商周之际。商周遗址出土的同类玉器往往被归入新石器时代。

　　最值得关注的是新近在山西曲沃羊舌村西周晋侯大墓中出土的一件（图2，3），玉神面扁平，正面阳刻狰狞兽面，臣字形大眼，上下均有一对獠牙龇出。这样的玉神面，虽然多数都有冠饰，有的

　　　　　　　　　　　　　　　　　　　　　　　　　造神运动

图 2　玉雕神面

1. 美国福格美术馆藏　2. 台北故宫博物院藏

3. 曲沃羊舌村出土　4. 美国旧金山亚洲艺术博物馆藏

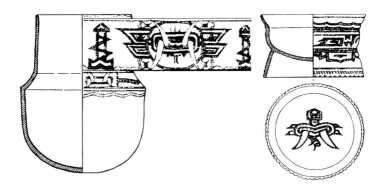

图 3　湖南黔阳高庙史前陶器上刻画的神面

远古造神

甚至还有包括珥饰在内的细致刻画，但都只是一个头像，也都合于以头代体的神灵图像制作传统。

当然更早的发现是湖南黔阳高庙遗址陶器上刻画的神面，构图已是非常完整，也已经是很固定的形态，也都显露着龇出的獠牙，狰狞之态跃然眼前。这样的神面年代早到距今 7 000 多年前，这是中国史前陶器上见到的刻画年代最早的神面（图 3）。同样的神面已经相当简化，简化到只剩下一张龇着獠牙的嘴，与后来的良渚文化显得不同，良渚人简化的神眼已经没有了狰狞的模样，而高庙人简化的神面因为獠牙尚存，依然还显现出狞厉的神态。

史前狰狞的神面也偶尔出现在彩陶上。半坡文化的彩陶上见有这样的神面，不过以往研究者似乎不大在意。在临潼马陵遗址的一件陶瓶上，绘一戴着尖顶帽的神面，一双圆圆的大眼，宽大的嘴角向上龇出一对大獠牙。神面左右还绘有一对倒立的大鱼（图 4）。

不用太仔细观察，我们就能作出一个明确的判断，半坡文化彩陶上的神面纹，与高庙下层文化以及良渚与龙山文化中的神面纹，并没有什么明显的不同，硕大的獠牙是它们共同的特征。不同之处是两条附加的鱼纹，这是一个很重要的提示，它告诉我们，半坡文化的神面，与鱼有着密切的关系，也就是说，它与鱼崇拜有关，这是鱼之神。

说到彩陶，说到半坡文化，又说到神面，就一定要说说半坡彩陶上的人面鱼纹。

半坡文化的人面鱼纹令许多研究者百思不得其解，也令大众为之困惑。它究竟表达了什么含义？最主流的解释又是怎样的？现在所知足有 20 多种解释，很难说何种说法算是主流，也无法确定哪种解释更正确。比如有的说人面鱼纹是半坡人的图腾，有的又认为鱼

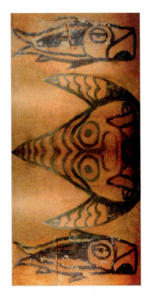

图 4　陕西临潼马陵半坡文化神面纹彩陶壶

远古造神

纹象征女阴，后者是用图腾与生殖崇拜所作的解释。

不过有一点值得注意，这样的人面鱼纹彩陶并未在半坡文化居址内发现，毫无例外地都是儿童瓮棺上的葬具。所以我曾以为，这样的纹饰一定有特别的意义，不是纯粹的生活艺术品。

在西安半坡和临潼姜寨等遗址，都见有人面鱼纹盆，人面戴着尖顶的鱼形冠，嘴角两侧用鱼纹作装饰，有时冠两侧也有两鱼作装饰，呈现非常怪异的神态，一看就觉得不是半坡人平常的装束。有时在这样的人面鱼纹之间，还绘出了写实的鱼纹来。

其实，人面鱼纹中的人面，它所表示的也许还是鱼头，或者说是人格化的鱼头。在西安半坡和芮城东庄村遗址，都发现有人头鱼身纹，侧视的双身鱼前绘有一个人面。而这个人面的局部特点，如线形的眼与上述鱼纹中的人面接近。在半坡遗址，更见到一例将鱼头绘作人面的彩陶图案，人与鱼融为一体，我们觉得这绝不会是一般的艺术作品。

将动植物人格化，是史前人造神的固定方式。一种动物图像，在给它安上一个人面之后，它便有了神格，半人半兽也就成了神形的固定格式。这样说来，人面鱼纹还真可能是半坡人心中的神灵形象。它是什么神格，会不会是水神？或是其他？

有说上帝造了人，是按自己的形象造的，所以人与神是一般模样。《创世纪》就说神按照他的形象造了人，其实神像都是人创作的作品，是按人的样子作模，于是才有了人神同样而又有些区别的结果。

本文原名"看远古如何造出神模样"，发表于《中华文化画报》2017 年 7 期。

# 神者两面

新石器时代石家河文化玉器有过许多重要发现，2015年石家河遗址又有了一次空前的大发现，突然出土的200多件玉器，给我们带来了再一次的震撼。

中国玉器中留有许多未解之谜，这一次发现又给我们带来了一些新谜，等待着我们去寻找谜底。

## 虎　首
### 虎与神的距离

石家河文化玉器中的虎首，构形非常精练，其艺术影响十分深远（图1）。玉虎面形体很小，半立雕，左右对称，大耳，眼分长、圆两种（图2）。

动物是史前玉器取材的重要对象，一些特定的动物又成为重点。虎正是重点之一，虎也因此成为一个重要的文化标识。

春秋至汉代，许多带钩的造型，都离不开这样的虎首，不论是王者之钩，还是平民之钩，似乎无虎不成钩（图3）。带钩上虎面的构图，与石家河玉虎面基本一致。

王者将虎首装饰在玉枕两旁，是虎视眈眈，还是狐假虎威？

图 1　石家河玉虎面

　　　　　　　　　　　　　　　　　造神运动

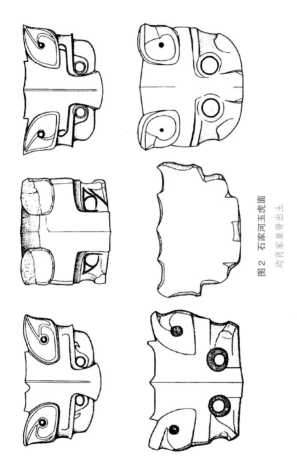

图 2 石家河玉虎面
均肖家屋脊出土

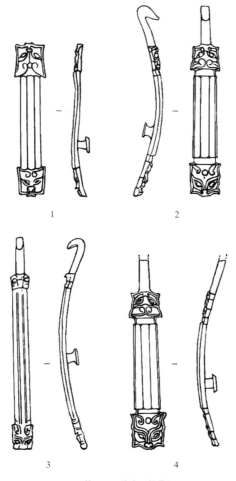

图 3　战国和汉代虎面饰带钩

　　　　　　　　　　　　　　　　　　　　　　造神运动

汉代四神造型中的虎，也显出一种威风凛凛的架势（图4）。

虎作为一个重要的象征，它在石家河与后石家河文化里具有怎样的意义？石家河人将虎首与神面雕刻在一块玉石上，让神一下子威风起来，这虎不是也具有了神性么？后来它成为四神标志之一，其实它就是神，就是灵。

在现代生活中，这样的虎影也随处可见。真正的老虎很难出现在人们的视线里，可是它的影像却深深印在我们的脑海里，游走在我们的血脉里。

石家河文化玉器虽然以虎首造型最流行，但也能见到全形卧虎（图5）。这也是石家河人建立的一个高水准艺术范式。商周时代的玉虎也都这样伏卧着，可以张牙，却并不那么舞爪。

# 对　鸟
## 鸟与兽的谜底

说罢玉虎，再说玉鸟。鸟也是古玉重要的取材来源，一些特别的飞鸟同猛虎一样，很早就成为人们崇拜的对象。

这次石家河新见玉器中，有一件对鸟形佩饰最是精致，小而美。在一座虎面高台上，面对面的双鹰（双鹞），单足直立，只翅微展，似耳语，似喙磨，又似舞起蹁跹（图6）。

对鸟艺术，在史前出现很早，7 000 年前的河姆渡文化也许开了这个艺术先河（图7）。

商周时代的玉器、铜器中，也少不了对鸟纹饰。对鸟翔止，如影随形。

图 4 西汉四神纹青玉铺首

图 6 石家河新出土对鸟玉佩

图 5 石家河全形玉卧虎

图 7 河姆渡文化"双凤朝阳"牙雕

　　　　　　　　　　　　　　　　　　　造神运动

图 8　鲁南苏北汉代画像石上的对鸟图像

神者两面

汉代人的画像石中也常见对鸟翻飞的图像，喜庆祥瑞，灵动活泼（图8）。

这种对鸟崇拜的风俗源远流长，它的象征意义还有待探讨，太阳崇拜、祥瑞希冀、情爱表达，也许可以看出对鸟纹饰象征意义千年变化的轨迹。

朱雀、凤鸟，也是古代四方神之一，敢与虎并列，非同小可，不能等闲视之。

与对鸟相关的玉件，是陶寺出土的两件相同的"兽面"玉饰，一般研究者都认定它是石家河文化之物。它是兽面么？为何它的眼神如此之迷离？没有眼眶，更不见眼球，没有遵从史前艺术通常的构图法则（图9）。

陶寺的发现，让人想起了湖北九连墩楚墓出土的一件玉佩。玉佩图像经过拆解，可以确定是对鸟造型。它与石家河新发现的对鸟玉佩非常契合，不过我们并不认为它是石家河人的作品，但却是石家河文化风格的作品（图10）。

再看看陶寺的发现，怎么就觉得它与九连墩的对鸟那样接近呢？

而且真就是如此，将两者图像重叠起来，只要眼力正常，都不会否认两者本就是一样的造型（图11）。

将陶寺玉佩图像处理后再作观察，发现了位居上方的另外的双眼，而原先被认定的下面双眼，似乎不见了踪影（图12）。

国外收藏的另一件所谓兽面玉佩，与陶寺所出相同，也是对鸟（图13）。

也许有人说，陶寺与九连墩的比较有难度，更有人说九连墩玉佩是石家河同类器的改制品。其实九连墩玉佩是比石家河更具象的仿品。石家河新出土玉器中，还真见有一件非常接近陶寺的对鸟玉佩，两者的外轮廓也非常相似（图14）。

如此容易让人混淆的鸟与兽，难不成是史前人布下的迷阵？

鸟总归是鸟，它化不成兽。

# 神　面
## 发现神的另一面

史前玉器造型中，也发现有一些兽面玉件和人面玉件，在这两类玉件中可以区分出真人与真神来，可以称为人祖像、神像。

石家河文化玉器中见到不少玉人面。笔者觉得区别人与神的标志，看看牙口就行了。人不会有獠牙，上面这些玉器图像中，都未出现獠牙，应当是人祖之像。

獠牙出现了，就是神了。人显出了动物性，动物具有人性，这就是神的图像。

有一些是神面，人形人样，神色狰狞（图15）。有一些可能就是兽面，不明确人、神归属。

石家河新见玉器，也有一些我们一时无法分辨的巧件。这是新品中的谜品，也许是鸟形，构图奇诡（图16）。另有一件珍品，造型更奇，一时叫不出确定的名字。它有何特别用途？它附带一个虎首，虎首下端有一榫眼，为我们解谜指示了方向（图17）。

虎首的下端会与什么连接？兴许就是一个神面，神面上也见过这样的榫眼，这不会是巧合。与神面一连接，巍巍神像出现在眼前。

图 9　山西襄汾陶寺史前玉牌饰

图 10　湖北枣阳九连墩战国玉牌饰

图 11　陶寺和九连墩两块玉牌饰重叠比较

图 12　山西襄汾陶寺史前玉牌饰
图像处理后

图 13　美国西雅图艺术博物馆藏石家河文化
对鸟形玉佩

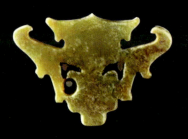

图 14　石家河新出土对鸟玉佩

1                                                        2

图 15　玉神面

图 16　石家河新出土鸟形玉佩

图 17　石家河新出土玉器　　　　图 18　神面与高冠的组合复原

原来那是神的高冠，高不可测（图18）。

新出玉件中，还有这样一件高冠，也带有虎首。孤证不立，这可是双证。

在收藏品中，也见到了这样的高冠神像，这是一个旁证。注意神面的长颈，也是石家河文化神像的一个特色。国外收藏的几件高冠长颈神像，戴有虎面，应当属于石家河文化，与前面的复原构思非常接近（图20）。

再想想那些平顶低冠的神面或许原本带有长颈或高冠（图21），后来可能脱落了附件。

有人会说那些收藏品并不可信，那就看看图22江西新干的出土品。长颈高冠玉神面，它可能是商人收藏的石家河人遗物。

复原了这样的高冠神面，我们会思考这样的问题：它有怎样的用途？只是一种单纯的信仰么？仔细看一看就会发现，神面有不同的表情，有长眼，也有圆眼，有高兴的，也有不高兴的。这是怎么啦？

## 两面神
### 神面意义之所在

史前人在制作神面和人面时，非常注意表现神情。

史前人最有代表性的作品，是仰韶人的三种表情骨雕筒，在一个拇指大小的骨管表面，刻有喜怒哀三种表情（图19）。还有陕南出土的一件仰韶文化彩陶，表现的是两种神情（图23）。这些表情刻画生动，具有很高的艺术表现力。

图 19　陕西西乡仰韶文化人面骨雕

　　玉神面与彩陶上的表情有共通之处，同一件玉神面，正面背面是不同的眼神，不同的表情（图 20）。

　　说到此处，突然觉得发现了神的另一幅面容，我们见到了两面神像。

　　再细审，石家河文化玉虎首居然也有表情，眼神迥异，一为圆眼，一为长眼，也有两面特征（图 24）。只是还没有见到一件虎首上表现出正反面，以后应当会有发现。

　　我们看到了神的背面，发现神还拥有另一幅面孔。至此我们想到，有可能石家河人创造了两面神像，或者说他们流行两面神崇拜。

　　两面神像意义何在，它又给石家河人带去了怎样的精神慰藉呢？也许古罗马时代神话中的两面神可以给我们一个提示，前与后，善与恶，吉与凶，是与非，成与败，阴与阳，弃与取，在神示神断中生活的人们，不论距离多么遥远，都会产生相似的思维（图 25）。

　　石家河新出土的双头人面玉饰，相向的两个人面连成一体如块形（图 26），它与罗马人的两面神像意境相似，可谓异曲同工，值得细细琢磨。

图 20　美国国家博物馆藏王神面

　　　　　　　　　　　　　　　　　　造神运动

图 22 江西新干大洋洲
玉神面

图 21 平顶短颈玉神面

上：美国芝加哥艺术馆、台北故宫博物院，
下：美国国家博物馆、石家河

图 23　陕西汉中仰韶文化人面纹彩陶

　　　　　　　　　　　　　　　造神运动

图 24　玉虎首上表现不同的眼神

图 25　古罗马钱币上的两面神

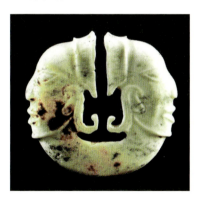

图 26　石家河新出土玉两面人像

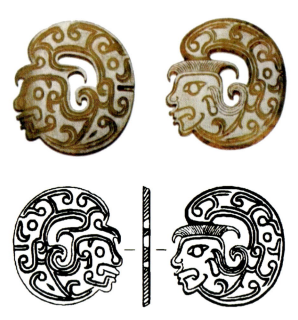

图 27　河南光山黄君孟夫妇墓玉人面蛇身像

　　　　　　　　　　　　　　　　　　　　　　　　造神运动

图 28　山西曲沃羊舌村西周墓玉神面

图 29　加拿大皇家安大略博物馆藏玉两面神

神者两面

这又让人想到河南光山春秋时期黄君孟夫妇墓，墓中出土两件"玉人面蛇身像"，有说原本为一件，后来被剖成两件。造型为石家河风格，人面作侧面构图，一面阴刻，一面阳刻，正背面近似，眼形不同。这又是两面神，而且有两件，为石家河两面神添了新证（图27）。

其实只要顺着这思路再细心一点观察，我们就会发现，在过去的一些发现中，包含有一些两面神艺术品。山西曲沃羊舌村西周墓出土一件两面神玉雕像，毫无疑问是石家河人的作品。也许是因为制作精美，经过千年传递，它被周人收藏，最后进入了墓葬中。这样的精雕细作，融入了石家河人多少情怀呀（图28）。这一西周时代的珍藏，解开了两面神艺术品上的疑点。石家河人创造的崇拜方式，于4000年后真相大白，喜乐嗔怪，虔诚与期待，在玉石上合为一体，纯净而透彻。

新近出版的《加拿大皇家安大略博物馆藏中国古代玉器》，著录了若干件石家河文化风格的玉器。其中就有两面神像和单面人像，还有透雕玉环等，以高冠两面神像最为珍贵（图29）。这一件双面雕的神像，同以往见到的石家河风格的神像有类似之处，玉神头戴高冠，两侧有鸟尾饰。两面神脸，一面阳刻，作小眼形状；一面阴刻，作大眼形状。著者将这一件两面玉神像的时代判定在商代晚期，这是比较保守的认识，它应当是石家河风格的又一件两面玉神像。

由石家河玉器，我们看到了石家河人的两面神玉雕，而且在古代玉器中也发现了一些传承下来的两面神玉雕。两面神崇拜的起因、起源及传承，是值得研究的课题。

本文原名"石家河石器：发现两面神"。

造神运动

# 彩陶之约

　　有一种古物叫作彩陶，这是现代人给的称呼，它们大多出现在遥远的史前时代。彩陶作为一个事物的名称，对于一般人而言，接受起来并不那么顺畅。与彩电一样，彩陶也是外来语汇的汉化，不是我们传统里寻得见的。从前没有这个词，但古物却早早为我们所拥有。在陶器上绘出繁简不一的纹样，显示出独特的时代与地域风格，这便是考古发现的彩陶。

　　科学与艺术，是社会文化发达程度的两个重要标志。科学让物质变化，艺术使精神升华。较之于科学，艺术是更难理解的人类创造。彩陶是艺术加科学的一项创造，制作陶器的技巧和构建彩陶的艺术原理传承至今，惠及我们今天的科学与艺术，我们却将它们产生的时代划归野蛮时代，也许是我们的归纳法则有缺憾，抑或是别的什么原因左右了我们的思维。

一

　　先人们凭借怎样的智慧制作出这样美妙的艺术品，这样的艺术品又传导了怎样的信息？西安半坡遗址出土的人面鱼纹彩陶，我们现在给出的解释答案有 20 多个，也许其中有一个是正确的，但对于

图 1　陕西西安半坡人面鱼纹彩陶盆

它的论证却真的很不容易（图 1）。我们解读彩陶，一般会就某一件彩陶的图案找出一些可能的解释。当我们再深入一些，多查考一些资料，在对实物有了更多观察之后，认识就会更深一层。笔者在西北地区的几个文物库房，看到那些未及上架的堆积如山的彩陶，除了惊诧就是茫然，不知该下多大的功夫才能读懂它们呀？西北地区出土的彩陶数量很多，有时会在一座墓葬中发现 100 多件用作随葬品的彩陶。画出如此多的彩陶做什么？在某一时期流行同类纹样，仅仅是为着艺术欣赏么？要解读彩陶的原本含义，需进行时空的纵横梳理，了解它的演变与传承。

　　进行彩陶研究最关键的一点，是全面了解资料，构建好彩陶的时空坐标。多数彩陶纹饰不会只在局部区域孤立存在，也不会毫无改变地延续存在千百年，而会在时空分布上产生变化。在一个考古学文化中，彩陶在这样的时空变化中，逐渐形成一个严密的体系。把握住这个体系的运行脉络，我们也就掌握了解读彩陶奥秘的钥匙。

　　　　　　　　　　　　　　　　　　　　　造神运动

如庙底沟文化彩陶就拥有自己的体系，它以自己的方式维系自身的发展，也同时影响周邻几个考古学文化彩陶的发展。庙底沟文化彩陶引领了史前艺术潮流，它作为成熟的艺术传统，为历史时期艺术的发展奠定了坚实的基础。

在彩陶研究中，我们急于确定一个图案像什么，然后赋予它包含的种种含义。例如见到一个圆形图案，张看到的可能是太阳，李看到的也许是眼目，圆可能是阳，又可能是目，难辨是非。又如见到一个半圆形图案，你看到的也许是月亮，他看到的却是花瓣，花非花，月非月，争执不止。其实我们并不了解。彩陶匠人当初并不一定要明明白白表现某个客体，他们绘出的一些几何图形更多的是象征而非象形。那时代的画工显然并不以"相像"的象形作为追求的目标，而是以"无象"的象征作为图案的灵魂。何况更多的复合图案是通过拆解和重组构成的，这都不是通过简单直观的象形思路所能获得正解的。彩陶图案的象形与"无象"，都以象征性合适与否为取舍，象形为明喻，"无象"为隐喻。研究彩陶的象征意义远重于研究它的象形意义。当然由象形的研究入手也无可厚非，因为象征的本源取自象形。史前人正是在彩陶的形色之中，传导了形色之外的信仰。在彩陶中寻找由象形出发行进至象征的脉络，是我们解读大量几何形纹饰的必由路径。

二

中国史前彩陶的风格，在色彩与纹样上，集中体现在纹样红黑双色显示和二方连续式构图上。绘制彩陶的陶胎一般为浅红色，绘

图2　反转来看的河南陕县庙底沟地纹彩陶

左正色，右反色

彩的为黑色，黑红两色对比强烈。有时也会先涂一层白色作地色，黑白两色对比更加鲜明。我们通常读到的彩陶图案，大多是无色的黑白图形，对它们原本的色彩功能，一般是感觉不到的。或者说我们看到的仅仅只是彩陶的构图，而不是彩陶本来的色彩。如庙底沟文化彩陶的色彩，由主色调上看，是黑色的，大量见到的是黑彩，与这种主色调相对应的是白色地子或红陶胎色。陶器自显的红色，成为画工的一种借用色彩，这种借用红色的手法，是一个奇特的创造，它较之主动绘上去的色彩有时显得更加生动。庙底沟文化中少见红彩直接绘制的纹饰，但却非常巧妙地借用了陶器自带的红色，将它作为一种地色或底色看待，这样的彩陶就是"地纹"彩陶，这是史前很重要的一种彩陶技法（图2）。

庙底沟文化彩陶是黑、红、白三色的配合，主色调是红与黑、白与黑的组合。红与白大多数时候是作为黑色的对比色出现的，是黑色的地。从现代色彩原理看，这是两种合理的配合。不论是红与黑还是白与黑，它们的配合明显增强了色彩的对比度，也增强了

造神运动

图案的冲击力。有时画工同时采用黑、白、红三色构图，一般以白色作地，用黑与红二色绘纹，图案在强烈的对比中又透出艳丽的风采。彩陶黑与白的色彩组合，很容易让我们想到中国古代绘画艺术中的知白守黑理念。"知白守黑"出自《老子》，所谓"知其白，守其黑，为天下式"。主要以墨色表现的中国画就是这样，未着墨之处也饱含着作者的深意，观者细细品味，会有意想不到的收获。同中国画一样，在彩陶上，黑是实形，白是虚形，它们相互排斥，又相互依存，相辅相成。可是对观者而言，白是实形，黑是虚形，画工的意象完全是颠倒的。在彩陶上挥洒自如的史前画工，一直就练习着这样一种"知白守黑"的功夫，他们的作品就是地纹彩陶。

从艺术形式上考察，庙底沟文化彩陶的二方连续式构图就是最明显的特征之一。纹饰无休止地连续与循环，表现出一种无始无终的意境，这是庙底沟文化彩陶最基本的艺术原则，这也是中国古代艺术在史前构建的一个坚实基础。二方连续是用重复出现的纹饰单元，在器物表面一周构成一条封闭的纹饰带，它是图案的一种重复构成方式，是在一个纹饰带中使用一个或两个以上相同的基本图形，进行平均而且有规律的排列组合。彩陶上的纹饰，其实是一种适形构图，它是在陶器有限的表面进行装饰的，二方连续图案也就呈现出首尾相接的封闭形式。画工在有限的空间表述一种无限的理念，那二方连续构图就是最好的选择，它循环往复，无穷无尽，无首无尾，无始无终。彩陶图案的二方连续形式是一种没有开始、没有终结、没有边缘的非常严谨的秩序排列，表现出连续中的递进与回旋（图3）。

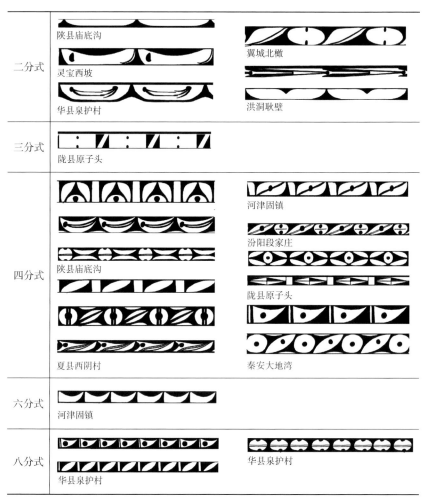

图 3　庙底沟文化彩陶二方连续图案的单元布列程式

　　　　　　　　　　　　　　造神运动

三

中国彩陶最早的纹样，只见简单的点线及其组合，它们出现在7 000年前的前半坡文化时期。到了半坡和庙底沟文化时期，鱼和鸟的象形图案及相关几何形纹饰成为彩陶的流行元素，地纹表现方法与多变的几何图案组合形式构建了彩陶的基本风格。到了马家窑文化时期，旋式连续构图以及由此演化出的四大圆圈纹成为新的主体风格，彩陶经历了由盛而衰的发展过程。

从总量上看，彩陶上的纹饰以几何形居多，象形者极少。象形图案很少，并不是说这样的图案绘制很困难，其实规范的几何纹饰比起并不严格的象形图案，绘制难度更大，显然史前人并不是由难易出发进行了这样的选择。看来只有这样一个可能，史前人就是要以一种比较隐晦的方式来表现彩陶主题，不仅仅采用了地纹方式，更是提炼出许多几何形元素，也许他们觉得只有如此才能让彩陶打动自己，打动自己之后再去感动心中的神灵。庙底沟文化彩陶上无鱼形却有象征鱼的大量纹饰，应当就是在这样的冲动下创作出来的，它们是无鱼的"鱼符"。无鱼的鱼符，在彩陶上有若干种，变化很多，区别很大，是通过纹饰拆解得到的。例如鱼纹全形的演变，在完成由典型鱼纹向简体鱼纹演变的同时，又创造出了均衡对称的菱形纹，菱形纹属于结构严谨的直边形纹饰系统（图4）。变形的鱼唇在拆解后，分别生成了西阴纹和花瓣纹，这是庙底沟文化彩陶非常重要的两大弧线形构图系统（图5）。鱼纹头部的附加纹饰拆解后，分别提炼出旋纹、圆盘形、双瓣花和加点重圈纹等元素，构

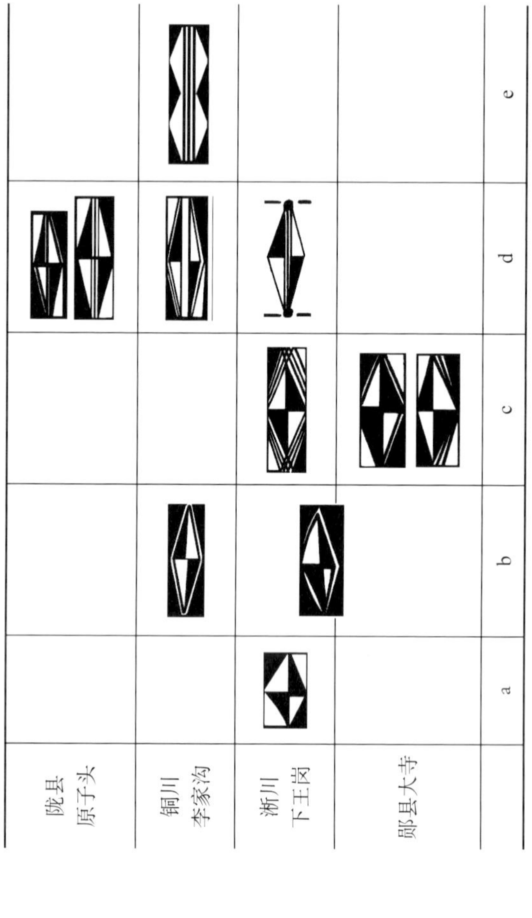

| | a | b | c | d | e |
|---|---|---|---|---|---|
| 陇县<br>原子头 | | | | | |
| 铜川<br>李家沟 | | | | | |
| 淅川<br>下王岗 | | | | | |
| 郧县大寺 | | | | | |

图 4　各地彩陶菱形纹的比较

　　　　　　　　　　　　　　　造神运动

图 5　河南三门峡庙底沟彩陶花瓣纹和西阴纹

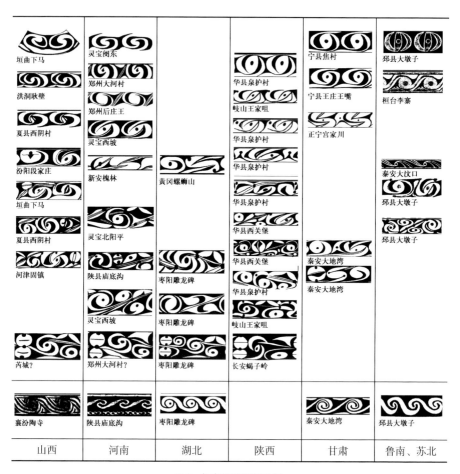

图6 各地彩陶双旋纹比较

造神运动

成了庙底沟文化点与圆弧形彩陶纹饰体系，组合出更多的复合纹饰（图6）。

这样看来，彩陶上的许多纹饰都能归入鱼纹体系。鱼纹的拆分与重组，是半坡与庙底沟文化彩陶演变的一条主线，这条主线还影响到两个文化的时空之外。彩陶上有形与无形的鱼纹，在我们的眼中完全不同，也许对于史前人而言，它们并没有什么区别，它们具有同样的象征意义，有着同样的魅力。作为"百变金刚"的鱼纹，我们已经想象不出它为史前人带来过多少梦想，也想象不出它给史前人带来过多少慰藉。"大象无形"，鱼纹无形，鱼符无鱼，彩陶纹饰的这种变化让我们惊诧。循着艺术发展的规律，许多彩陶纹饰经历了繁简的转换，经历了从有形有象到无形无象的过程。从鱼纹的有形到无形，彩陶走过了一条绚烂的道路。

从半坡和庙底沟文化彩陶看，鱼纹简化到只表现局部特征，明显夸张变形，意存形无，这是简化的又一重要原则，不是一般的抽象，也不是一般的象征，可以说是更高层次的艺术表现。人类善于制造和使用各类符号，用符号交流思想和认识事物，表达特定的含义，传递丰富的信息。所以有人说，制造和运用符号是人类的基本特征之一，这也是人类文化的重要体现。彩陶上大量的几何纹饰，其实大多都是这样的人造符号，而且不少符号都由写实的纹饰简化而成。一个符号制作出来的同时，也经历了认同的过程，只有认同的符号才有传播信息的功能。当那些最早的模仿因素被历史的选择完全淘汰，它就完成了一个从量变到质变的过程，程式化的符号也就不再是模仿对象的再现，而成为一种逻辑式的抽象表现。彩陶鱼纹的变化，也正是经历了这样的符号化过程，后来虽然还有鱼的含义，但是它却没有了鱼的形态。彩陶鱼纹几何化以后，变成了若干种符号，它们大多失去了鱼的形体，这种演变本身就具有非常重要的文化意义。

　　某些彩陶纹饰在大范围内传播，在这样范围内，人们一定在纹饰的含义与解释上建立了互动关系，发明者是最早的传播者，受播者又会成为传播者。彩陶原来存在的文化背景，随着纹饰的传播带到了新的地方。当某些彩陶纹饰传播到不能生根的地方，互动关系终止。也就是说，如果不能解释或接受彩陶纹饰所具有的象征意义，传播也就中止了。彩陶的传播之初也会有"解码"过程，如果这个过程不顺畅，它会影响传播的完成。由于文化背景的差异，解码会发生偏差直至失败，传播过程自然会中止。以彩陶作载体的信仰体系也是一种资源，这种资源取之不尽，无须掠夺，认同即可，传播成为输送这种资源的主导形式。

图7　马家窑文化彩陶壶

青海民和核桃庄遗址出土

造神运动

彩陶纹饰由写实演变为几何形之后，构图变得非常简约，含义变得比较隐晦，甚或非常隐晦。史前彩陶中的鱼纹，大体分为三种样式：一种为具象，写实性很强；一种为变形，介于写实与抽象之间；还有一种为抽象，不过是符号而已。半坡与庙底沟文化的彩陶上，都有不少鱼纹。虽然半坡文化的鱼纹风格更接近写实，庙底沟文化的鱼纹更趋于图案化，但这种艺术传统却是一脉相承的。半坡与庙底沟居民为何要在彩陶上表现这样多的鱼形呢？

过去有学者将彩陶鱼纹解读为图腾崇拜或生殖崇拜，可都没有解开真正的谜底。近年关于彩陶鱼纹意义的研究，又有研究者提出了"鱼龙说"，认为"中华龙的母题和原型是鱼"，由仰韶文化彩陶上的鱼纹发展演变而成，以为夏族的来源与鱼族有紧密的联系。这也许可以作为解开鱼纹彩陶象征意义的一个新的非常重要的切入点，很有希望得出有价值的结论。

游鱼在水，鱼水相得。绘着鱼纹、盛着清水的彩陶盆，也许并非寻常的日用器皿。这种彩陶极少出现在成人墓葬中，在西安半坡是这样，在秦安大地湾也是这样，它当初应当是一样圣器。

## 四

在庙底沟文化之后发展起来的彩陶文化，是西北地区的马家窑文化。马家窑文化彩陶发现数量之多，在中国乃至世界都是绝无仅有的。我们甚至可以推想马家窑人的彩陶艺术是一种"全民艺术"，当时人们不仅推崇彩陶、珍爱彩陶，而且可能人人制作彩陶，他们是绘制彩陶的能手。

可以确定的西北史前彩陶演变的一条主线是：旋纹圆圈纹组合—折线大圆圈纹组合—四大圆圈纹，这是黄河上游地区前后相续、一脉相承的彩陶纹饰主题元素，也是主要的演变脉络。它的源头无疑是庙底沟文化，旋纹与圆圈纹组合正是承自庙底沟文化彩陶已经出现的构图。马家窑文化早期彩陶以圆圈为旋心，圆圈纹之间以多变的旋线连接（图7）。最引人关注的是，这种旋线可能借鉴了鱼纹图形，在某些彩陶上找到了确切的证据。这样看来，一部分马家窑文化彩陶可以纳入大鱼纹纹饰系统。后来作为旋心的圆圈越画越大，旋心饰以圆点、十字及三角等纹饰，旋线也越绘越细。到了晚期旋纹的圆心变作大圆圈，圆圈中的纹饰变化多样。最终圆圈之间的旋线消失，成为明确的四大圆圈纹（图8）。

　　对于甘肃史前彩陶的象征意义，以往许多学者作过阐述，多认为与鸟崇拜有关，有研究者强调了鸟纹和蛙纹的意义，追溯了日月崇拜的原始图景。那么彩陶上旋纹的象征性何在？它既非自然物的摹写，亦非自然现象的描绘，更非一般的抽象图案，它的意义确实费解。其实在庙底沟文化彩陶上本来就有一种很成熟的旋纹构图，属于地纹表达方式，多为双旋结构。这种双旋纹其实是一种勾连式构图，左右两旋臂呈彼此勾挂式。马家窑文化中更多见到的是以圆圈为旋心的旋纹，构图上借鉴了早先庙底沟文化的双旋纹，旋纹一般直接绘出，很少采用地纹方式表现。关于彩陶旋纹的意义，我们还可以用反推的方法考察。我们知道由旋纹演变而成的四圆圈纹，在圆圈中填绘有各种纹饰，较多见到网格纹和十字形纹，这些可能是太阳的象征，十字形纹应当是一种明确的太阳符号。更值得注意的是，有时四圆圈纹直接被绘成四个太阳图形，在青海乐都柳湾就

　　　　　　　　　　　　　　　　　　　　　　　造神运动

| | | |
|---|---|---|
| 石岭下 | | 秦安焦家沟　天水师赵村　天水师赵村　天水西山坪 |
| 马家窑 | | 东乡林家　东乡林家　永登蒋家坪　陇西小堡子　隆德风岭 |
| 马家窑—半山 | | 武威王景寨 |
| 半山 | | 兰州三营　广河地巴坪　兰州青岗岔　兰州沙井驿 |
| 马厂 | | 兰州土谷台　乐都柳湾　兰州土谷台 |

图8　马家窑文化彩陶由旋纹向四大圆圈纹的演变

依张朋川原图改绘

有发现。太阳的旋转运行与升降，都由旋纹表现出来，这一艺术形式表达的动感，是古人对宇宙的一种非常质朴的认识，也是一种非常理性的逻辑归纳。

太阳崇拜是一种天体崇拜。天体崇拜在史前时代出现较早，在彩陶上有明确的体现。大河村文化和大汶口文化居民的天体崇拜，也以日月崇拜为主要表现形式，彩陶上绘有明确的太阳图形。河南汝州洪山庙遗址瓮棺上的彩绘纹饰有红日和白月，郑州大河村遗址彩陶上有太阳纹、日晕纹、月牙纹和星座纹，都是当时人们天体崇拜的证据。庙底沟文化时期的天体崇拜已进一步深化，人们崇拜的天体已有了明确的标志物，一些研究者认为彩陶上的鸟纹和蟾蜍纹，很可能就是日与月的标志，象征太阳神和月亮神，它是当时天体崇拜的一种方式。而马家窑文化彩陶旋纹的出现，则可以看作太阳崇拜的一种更艺术的表现方式。马厂时期彩陶上大量出现的四圆圈纹，是旋纹的一种简略绘制形式，两者的象征意义应当是相同的。

五

我以为中国古代艺术的发展史，可以划出两个大的阶段：前一阶段关乎神界与灵境，表达的是幻象，主要目的是娱神。后一阶段关乎人本与自然，师法的是现实，主要目的变成了娱人。两个阶段的分界，大体应当在两周嬗递之际，而东周至汉代则是两类艺术的混装时代。当然我们可以这样理解，前后两个阶段的艺术，其实要表达的是同一主题，即心之声，艺术是娱悦心灵的重要方式，艺术产品是精神之餐。彩陶正表达了心之声的主题，它是史前时代的精神大餐。将彩陶放在整个艺术发展史的层面考察，它当然处在前一发展阶段。彩陶关乎的是神界与灵境，表达的是幻象，主要目的是娱神。娱神的目的，也还是为了娱人，愉悦人的性灵，所以彩陶表达的也还是人们心灵之约的主题。

彩陶在史前存在与传播的意义，在以往被低估了。彩陶浪潮般传播的结果，在将这种艺术形式与若干艺术主题传播到广大区域的同时，它也将广大区域内居民的精神聚集到了一起。人们统一了自己的信仰与信仰方式，在同一文化背景下历练提升，为历史时代的大一统局面的出现奠定了深厚的文化基础。彩陶的传播，标志着古代华夏族艺术思维与实践的趋同，也标志着更深刻的文化认同。从这一意义上看，彩陶艺术浪潮也许正标志着华夏历史上一次文化大融合。

史前人在彩陶上营造了精神家园。那一时代的许多文化信息都储存在彩陶上，通过彩陶传递到远方。这些信息随着彩陶的重见天日，逐渐显现在我们的眼前。彩陶的魅力，绝不只是表现它是一门史前创立的艺术形式，它是为满足史前社会传承特别信息的需要而创造出来的，更重要的是这些信息本身给史前人带来了喜怒哀乐。不论是题材的选择还是纹饰的构图，彩陶已经达到非常完美的境界。彩陶的构图法则，彩陶的用色原理，彩陶所建立的艺术体系，对中国古代艺术的发展产生了深远影响。即使是在今天，类似彩陶构图的一些商标图案，装饰图案中的许多元素，它们最先都可以在彩陶作品里找到渊源。现代所见的不少时尚元素，与彩陶对照起来观察，我们会发现，它们并没有发生什么根本性的改变，艺术传统就这样一脉相承。

# 四正四维

在古蜀文化中存在一个特别的方位体系，城邑、居址、墓葬乃至祭祀场所，都统合在这个方位系统中。这是一个斜向方位系统，不同于中原主体正向方位系统。由考古发现的资料可以论定，中国古代存在两个方位系统，一是以正、面（中轴）定向，二是以维、隅（对角）定向，可分别称为第一和第二方位系统。以三代时期而论，中原地区属第一方位系统，而古蜀区域属第二方位系统，而且第二方位系统也存在于其他区域。不同方位系统的形成，可能分别与天文和地理相关，其深层原因需要进一步探讨。两个方位系统有时还会相互融会，都有古今传承的脉络可寻。

## 两个方位系统
### 提挈纲维与统领四方

不久前在写作科普著作《金沙之谜》时，我注意到古蜀时代的方位系统比较特别，与中原古代方位系统有明显区别，觉得很值得关注。[1]

---

1　王仁湘等:《金沙之谜——古蜀王国的文物传奇》，四川人民出版社，2010 年。

图1 成都金沙遗址九个柱洞遗迹

　　我先是注意到在金沙博物馆遗址展示大厅内,有一处特别的遗迹,有7个排列有序的大洞让人望而生疑。发掘者推测原来应有9个洞。在这些洞的底部都发现了残留的朽木,证实它们都应是柱洞。金沙遗址的这些柱洞直径都在50厘米以上,立起来的木柱相当粗大。9个柱洞分布在近20平方米的土层中,非常整齐地排列成一个长方形(图1)。推测这九根柱子支起来的,一定是一个高台建筑物,因为这个建筑正处在祭祀区中心,所以发掘者认为它可能是金沙人的一个高大的祭台,也有人认为它是古蜀"大社"。[1]更进一步说是"近500年时间,金沙人一直在此地举行祭祀活动,所以这块

---

1　成都市文物考古研究所:《金沙——再现辉煌的古蜀王都》,四川人民出版社,2005年;《有9个柱洞金沙建筑基址是"古蜀大社"?》,《成都商报》2010年5月19日。

四正四维

区域才能出土如此众多的珍宝"。[1]

面对这处特别的遗迹，我们想到一个问题，如果这是一个祭台，台是西北—东南朝向，这个方向是否有特定的意义？有关学者在对这九个柱洞进行勘测后，发现九个洞规则性的连线与地球北极方向成22°—25°夹角，均值为23.5°，这个度数等于"黄赤夹角"（黄道与赤道夹角）。有的专家据此提出了一个新的猜测，认为3 000年前的古蜀人就能够根据太阳的运行轨迹判断季节的更替，进行相应的祭祀活动。每年春分即阳历3月22日前后，初升的太阳正好和祭台的朝向吻合，也许古蜀人正是选择在春分时节，在太阳升起时举行大型祭祀活动的。[2]

所谓黄赤夹角，是指地球公转轨道面与太阳公转轨道面之间的斜交夹角，太阳的回归运动是在黄赤交角之间进行的，在两条回归线之间出现了太阳的直射现象，所以夹角的存在使地球有了四季和五带的变化。黄赤夹角会有周期性变动，现在是23.5°，变动范围介于22°—24.5°之间，每一个变动周期为40 000年，[3]我们是不可能感觉到这种变化的。

试想一下，高高的祭台上下摆满各色祭品，当太阳冉冉升起，或太阳即将落下，巫师缓步登上高台。也许还有乐有舞。一番虔诚的祭祷之后，巫师从上天领来神的旨意。最后是献祭，无数祭品被倒入河中，被埋进土中。沟通天与地，沟通神与人，祭台在人们的

---

1 《探营金沙：200米金属步道直通3 000年前的宝藏》，《成都晚报》2007年4月11日。

2 《金沙遗址祭台对着天上星？》，《成都商报》2009年7月18日。

3 陈炳飞：《浅析黄赤交角变化的影响》，《地理教育》2003年4期。

心中崇高而神圣。

不管金沙木构祭台方向与黄赤夹角吻合的假设是否正确，祭台建筑不是正方向则是肯定的。虽然至今没有见到这座祭台正式公布的方向数据，它是一座西北—东南朝向的斜向建筑是无可怀疑的，我们在现场便能一目了然。由黄赤夹角和木构祭台，我们想到了一些有关方位的问题，觉得古蜀王国应当有一个特定的方位系统。

这个特定的方位系统是怎样的？古蜀人的特别的方位感又是怎样产生的？我们可以由古城址、宫殿址、祭祀坑和墓葬的布局方位，来了解古蜀方位系统的具体内涵。

根据初步报道，金沙附近一带发现的同时代的若干大型建筑基址和数十座一般居址，也"基本为西北—东南向"，而居址附近发现的 1 000 余座墓也"均为西北—东南向，头向西北或东南"。[1] 如金沙兰苑发现的 17 座建筑基址，"方向基本呈西北—东南向"。[2] 金沙芙蓉苑南地点发掘到 7 座房址，不是西南向就是西北向，个别为东南向，没有一座是正方向（图 2）。[3] 又如金沙蜀风花园发现的 15 座墓葬，有 6 座是西北向，9 座为东南向。[4] 金沙就是这样，施行一种斜向的方位系统。

1　成都市文物考古工作队：《四川新津县宝墩遗址调查与试掘》，《考古》1997 年 1 期；成都市文物考古研究所：《再现辉煌的古蜀王都》，四川人民出版社，2005 年。

2　成都市文物考古研究所：《成都金沙遗址"兰苑"地点发掘简报》，《2001 成都考古发现》，科学出版社，2003 年。

3　成都市文物考古研究所：《金沙村遗址芙蓉苑南地点发掘简报》，《2003 成都考古发现》，科学出版社，2005 年。

4　成都市文物考古研究所：《金沙遗址蜀风花园城二期地点试掘简报》，《2001 成都考古发现》，科学出版社，2003 年。

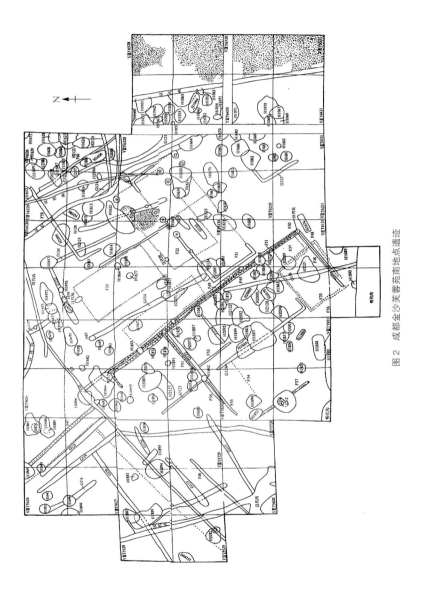

图 2  成都金沙芙蓉苑南地点遗迹

造神运动

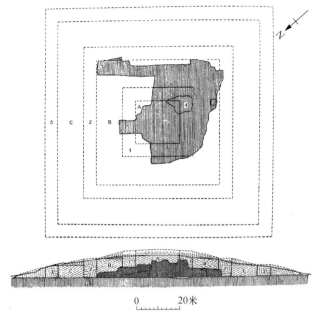

图 3　成都羊子山土台遗址

　　这还让我们想起成都早年的一项发现，那是属于金沙时期的羊子山土台遗址（图 3）。1953 年发现、1956 年发掘的成都市羊子山土台遗址，是一座人工修筑的高大的三层土台，这是经科学发掘的少见的大型夯土台建筑。学者们普遍认为它是古代用于盟会和祭祀的礼仪性建筑，是一处四边形高台建筑，它的方位同金沙遗址房址和墓葬一样，中轴方向为 45°，也是四角朝着东南西北四个方向。[1]

<hr />

1　四川省文物管理委员会：《成都羊子山土台遗址清理报告》，《考古学报》1957 年 4 期；李复华：《关于羊子山土台遗址和几件出土文物的历史价值问题》，《四川文物》2010 年 1 期。

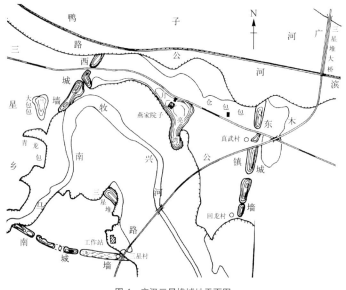

图 4　广汉三星堆城址平面图

这一定不是偶然的巧合。

　　古蜀时期的三星堆城，城垣轮廓并不是我们想象的正南北方向，而是东北—西南走向。[1] 其中月亮湾内城墙中段有拐折，夹角为 148°，北端为 32°，只是南端接近正南北走向。而西城墙呈明确的东北—西南走向，方向为 40°。曾被认作祭台的三星堆后来也确定是一段残城墙，城墙长度为 260 米，基础宽度为 42 米，南侧有宽30 多米的壕沟。三星堆原本是一条内城墙，呈西北—东南走向，方向约为北偏西 35°，中轴方向为 55°。这一段城墙的方向或许代表一

---

1　四川省文物管理委员会、四川省博物馆、广汉市文化馆：《广汉三星堆遗址》，《考古学报》1987 年 2 期；陈德安：《三星堆遗址》，《四川文物》1991 年 1 期。

个时期三星堆城的建筑选向，后来城墙应当经历过多次修缮，所以平面轮廓显得不很规则（图4）。

三星堆城墙附近发现的两个器物坑，更以45°角斜向排列，按发掘者的描述，器物坑的四角正好朝着东南西北四个不同的方向。[1] 1、2号祭祀坑位于三星堆城墙东南50余米，两坑相距25米。两坑平面布局一致，均为东北—西南走向，与附近城墙方向大体一致（图5）。

此外在三星堆城内陆续发掘到一些建筑基址，1980年至1981年揭露的18座房址，多为西南或东南朝向，也不见正方向建筑。[2] 青关山发现1座大型红烧土房屋基址，平面呈长方形，也是西北—东南走向，与城址方向一致（图6）。

由金沙和三星堆的发现看，我们可以确认古蜀存在一个特别的方位系统，它的特点大体是建筑的四角指向四方，完全不同于四面与四方平行的方位系统。根据年代更早的考古资料判断，我们还可以确定这个方位系统具有更古老的传统。再将我们的视野移到史前时代，看看成都平原发现的新石器时代几座古城址的方向。新津宝墩、[3] 郫县古城村、[4] 温江鱼凫村[5] 这几座比较重要的古城，也都呈东北—西南方向布列。宝墩新近发现外城遗迹，内城墙以外四个方向都确认有城墙或壕沟，城址平面大致呈不规整的圆角长方形，

---

1　四川省文物考古研究所：《三星堆祭祀坑》，文物出版社，1998年。

2　四川省文物管理委员会等：《广汉三星堆遗址》，《考古学报》1987年2期。

3　中日联合考古调查队：《四川新津宝墩遗址1996年发掘简报》，《考古》1998年1期。

4　成都市文物考古工作队等：《四川省郫县古城遗址调查与试掘》，《文物》1999年1期。

5　成都市文物考古工作队等：《四川省温江县鱼凫村遗址调查与试掘》，《文物》1998年12期。

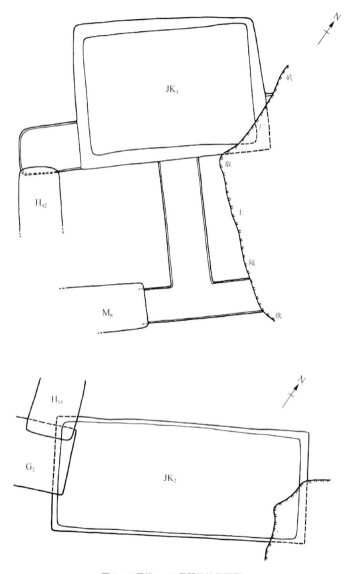

图 5　三星堆 1、2 号器物坑平面图

造神运动

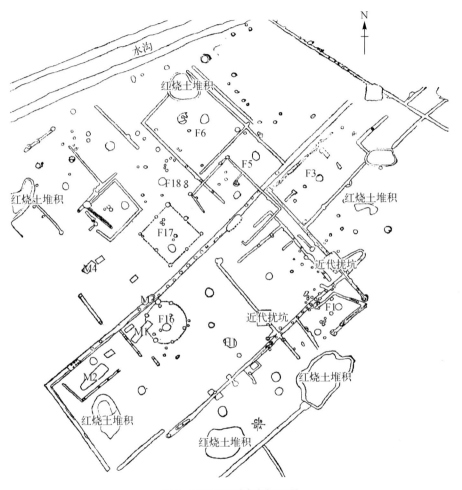

N

水沟

红烧土堆积

F6

F5

F3

F18 8

红烧土堆积

红烧土堆积

F17

M4

近代扰坑

M3

F10

F16

近代扰坑

MK

M2

红烧土堆积

红烧土堆积

C B
D A

红烧土堆积

图6 广汉三星堆城内遗迹平面图

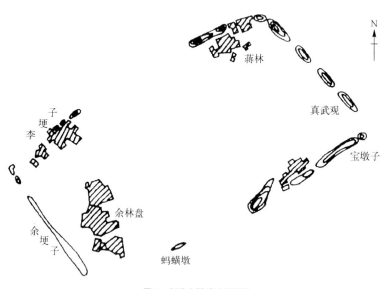

图 7 新津宝墩城址平面图

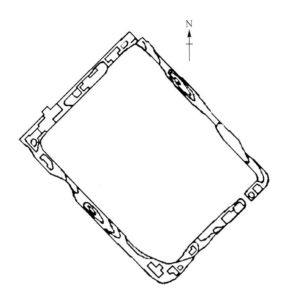

图8　郫县古城村城址平面图

方向与内城一致，约为北偏东45°，四角朝向东南西北四个方向
（图7）。[1] 郫县古城考古报告说城址方向为120°，这是指北垣走向而
不是中轴方向，据附图测量，中轴方向为北偏东40°，与宝墩城方
向接近。郫县古城村遗址发掘几座房址，还有一些方形大砾石坑，
方向也都与古城一致。城址中部发现一座长方形大型建筑，方向也
是坐东北朝西南，房址内留存有5个长方形卵石台，可能为一座大
型宫殿或宗庙一类的礼制性建筑（图8）。

　　史前墓葬在成都平原少有发现，在成都市南郊十街坊遗址清理

1　江章华、何锟宇、姜铭：《成都新津宝墩遗址发现外城城墙》，《中国文物报》2010年2
月26日3版。

宝墩文化时期墓葬 19 座，除一座为东西向外，均为西北—东南方向，头向西北，排列有序。[1] 这表明史前墓葬方向的选择，与城址和居址的方向相关。史前末期的墓葬在广汉三星堆遗址西城墙以西500 余米处的仁胜村也有发现，发掘到小型土坑墓 29 座，分布密集，排列有序，出土有玉器、石器、陶器和象牙等随葬品。墓葬除M5 大致接近正南北向外，其余均为东北—西南向。[2]

这样看来，古蜀城垣建筑的方位系统在蜀地应当形成于史前时代。金沙因为没有发现确定的城垣，我们还不知当时设计的方向如何。但是金沙附近发现了一些古蜀宫殿和居民基址，它们的方向也都是西北—东南向，推测与城垣同一方向，可以推论金沙城的四角也应当是朝向四方的方向。

另外由成都城内商业街发现的时代稍晚一点的战国大型船棺葬看，也是确定的东北—西南朝向，依然属于古蜀的传统方位系统。那是一座二三十具大小不同的船棺同埋一穴的大型墓葬，墓穴面积达 620 平方米，呈东北—西南方向排列，方向为 240°，即西偏南30°或者北偏东 60°。[3] 可见，到了战国时期，蜀国自古传承的方位系统并没有明显改变（图 9）。

我们用上述例证对古蜀方位系统作一个概括：古蜀方位选择的中轴方向一般是 45°，偏离一般允许在 5°之内，即 40°—50°之间。

---

1　成都市文物考古研究所：《成都市南郊十街坊遗址发掘纪要》，《1999 成都考古发现》，科学出版社，2001 年。

2　四川省文物考古研究所三星堆工作站：《四川广汉市三星堆遗址仁胜村土坑墓》，《考古》2004 年 10 期。

3　成都市文物考古研究所：《成都商业街船棺葬》，文物出版社，2009 年。

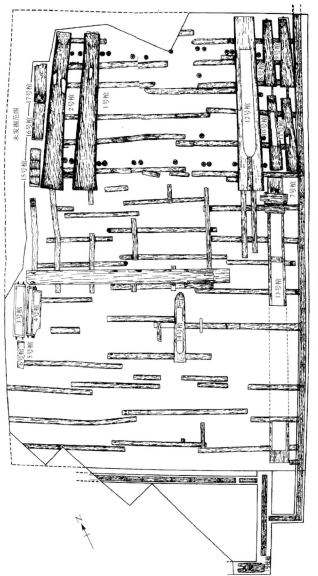

图 9　成都商业街船棺葬平面图

个别较晚的例子没有控制在这个限度内，如商业街船棺方向偏离在10°以内。如果变换一个角度观察，古蜀这个方位系统其实更强调建筑"角"的朝向，这个角古称"维"（详后文），四维朝向四方，而非四面朝向四方（表1）。

表 1 成都史前与古蜀城址、建筑方位

| 时 代 | 城 址 | 中轴方向 | 北维方向 | 备 注 |
|---|---|---|---|---|
| 宝墩文化 | 宝墩城址 | 45° | 0° | |
| | 鱼凫城城址 | 西北—东南 | —0° | |
| | 郫县古城址与房址 | 40° | 355° | |
| | 成都十街坊墓葬 | 西北—东南 | | |
| | 广汉仁胜村墓葬 | 西北—东南 | | 一座墓为南北向 |
| 古蜀文化 | 三星堆中部城墙 | 55° | 10° | |
| | 三星堆1、2号器物坑 | 45° | 0° | |
| | 成都羊子山土台 | 45° | 0° | |
| | 金沙墓葬 | | —0° | 西北—东南 |
| | 羊子山土台遗迹 | 45° | 0° | |
| | 商业街船棺 | 60° | 15° | |

注：中轴方向指建筑体的轴心方向，北维方向指建筑体北角的方向，数据均以正北向为0°起点。

古蜀时代的这一方位系统，与中原主体方位系统明显不同。已经有研究者注意到，中原夏时期的二里头遗址虽然没有发现城墙基址，但宫殿基址一般是南向略偏东几度。中原地区商代早期，考古所见郑州商城、偃师商城（图10）和盘龙城等处的城址和城内主要建筑方向一致，基本都是南偏西几度。这种偏东或偏西的现象，一

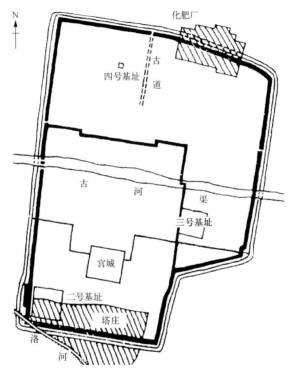

图 10　偃师商城平面图

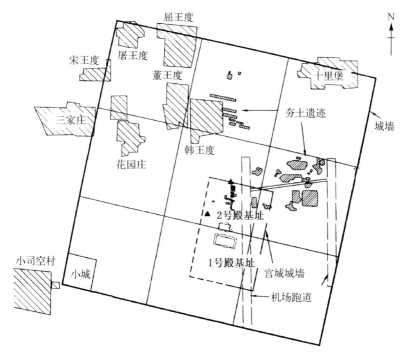

图 11　安阳洹北商城平面图

时间还被作为区别夏商文化的一个标志。[1]商代中期的安阳洹北商城，
方向为 13°，朝北略微偏东。洹北商城内发现的 1、2 号大型宫殿基
址，方向均为 13°，与城址方向一致（图 11）。[2]中原地区商代晚期

1　中国社会科学院考古研究所：《中国考古学·夏商卷》，中国社会科学出版社，2003 年；
北京大学考古文博学院、河南省文物考古研究所：《登封王城岗考古发现与研究（2002—
2005）》（下），大象出版社，2007 年。

2　中国社会科学院考古研究所安阳队：《河南安阳市洹北商城的勘察与试掘》《河南安阳
市洹北商城宫殿区 1 号基址发掘简报》，《考古》2010 年 1 期；《河南安阳市洹北商城遗址
2005 ~ 2007 年勘察简报》；唐际根等：《洹北商城宫殿区一、二号夯土基址建筑复原研究》，
《考古》2010 年 1 期。

主体建筑的方位，多朝向正南或略偏西南，与城址方向保持一致。商代晚期墓葬方向虽不完全一致，"但绝大多数取东北方位"，其实是向北微偏东，也即是向南略微偏西，与宫殿建筑选取的方位吻合。[1] 商代中原区域从早到晚的城邑、宫殿与墓葬都维系固有的方位体系，一直没有明显改变。

往前追溯到史前时期，中原的方位系统从发现的城址看已经确立。龙山文化时期的河南登封王城岗大城址的方向，与其东北方并列两小城的方向近似，均约 355°，[2] 即北偏西 5°；还有淮阳平粮台龙山文化城址，平面图为正方形，方向为 6°，城中发现的两座房址 F1、F4 的方向也均为 6°，房址的方向与城址一致，为正北略偏东。河南新密古城寨龙山文化城址平面呈长方形，方向为 350°，即北偏西 10°。在古城寨城址的东南部，还发现了大面积的龙山时代夯筑建筑群，已清出一座大型宫殿基址和大型廊庑式建筑，方向与城墙一致。[3]

研究者所说的南偏东或偏西，其实是北偏西或偏东，一般偏离 5°—10°。我们用上述例证对古代中原方位系统作一个概括：自龙山文化时期至夏商时期方位选择的中轴方向一般是 45°，偏离一般允许在 10° 上下，即 350°—10° 之间。个别例子稍稍超出这个限度，如洹北商城方向偏离超过 13°。这是一个正向方位系统，建筑四面朝向四方（表 2）。

---

1 中国社会科学院考古研究所：《中国考古学·夏商卷》，中国社会科学出版社，2003 年。

2 北京大学考古文博学院、河南省文物考古研究所：《登封王城岗考古发现与研究（2002—2005）》，大象出版社，2007 年。

3 蔡全法、马俊才、郭木森：《河南省新密市发现龙山时代重要城址》，《中原文物》2000年 5 期。

**表 2 中原商代及前商城址与建筑方位**

| 时　代 | 城　址 | 中轴方向 | 北维方向 | 备　注 |
|---|---|---|---|---|
| 龙山文化 | 陶寺城址 | 315° | 0° | |
| | 王城岗城址 | 355° | — | |
| | 平粮台城址与房址 | 6° | — | |
| | 新密古城寨城址 | 350° | — | |
| 二里头 | 二里头宫殿址 | 350°—355° | — | |
| 商 | 东下冯城址 | 45° | 0° | |
| | 偃师商城 | 7° | — | 以西城墙为准 |
| | 洹北商城 | 13° | — | |
| | 洹北商城 1、2 号宫殿址 | 13° | — | |

不论是夏的南偏东或是商的南偏西，其实与正南北方向偏离并不是太大，我们仍然可以将它们合并在一起观察，归纳为同一个大方位系统，即正向方位系统，特点是建筑的四面与四方大体平行。而古蜀的方位系统是一种斜向方位系统，可称为第二方位系统，特点是建筑的四角分指四方。

四面八方，在现代，这个成语的意义已比较含糊，一般泛指各个方向。不过在古代，它是确指的，四面包纳在八方之内。唐颜师古注《汉书·司马相如传》"是以六合之内，八方之外，浸浔衍溢"，说"四方四维谓之八方也"。所谓四方，实为四面，即东南西北，谓之四正，而四维则是四正之间的位置。所以《诗·小雅·节南山》有云"四方是维"，也是四个方向，但不是正方向。《淮南子·天文训》说："日冬至，日出东南维，入西南维；至春、秋分，日出东中，入西中；夏至，出东北维，入西北维，至则正南。"这里明确将"维"与太阳的运行联系到了一起，可见"维"在古代也是不可忽略

造神运动

的方位。《淮南子》又说"东北为报德之维也，西南为背阳之维，东南为常羊之维，西北为蹄通之维"，指出了四维的意义。似乎"四维"之说较早出自《管子》。《管子》非常重视礼义伦理在治国安民中的作用，在开篇《牧民》中提出了"四维"说，所谓"四维不张，国乃灭亡……国有四维……一曰礼，二曰义，三曰廉，四曰耻。"不过"四维"已具有引申意义。

维又有边角之意，四维即四角。用在方位概念上，正方向之间的方位便是"维"，是相差45°的斜向。

如果形象一点说，大体正方向的第一方位系统可以称为"统领四方"系统，第二方位系统可以称为"提挈纲维"系统。前者强调了建筑的面向，后者注重建筑的角向，方与维的区别相当明确。如果仍以传统的角度看待第二方位系统，那它的四面朝向正是四维，完全不同于第一方位系统的四正传统。

## 正向、维向选择的决定因素
### 天文抑或地理？

在人类构造的建筑形式中，方形已是成熟的形式。方形建筑出现时，方位设计成为一件非常重要的事。当然圆形建筑也会有方位选择的问题，只是不如方形建筑要求明确。当方位选择得到认同，方位体系便形成了，这个传统一般不易发生改变。建房、建城、筑墓，都会以认同的方位体系为依据，这样的体系可以代代相传。《周礼》开篇所说要辨别方位，所谓"惟王建国，辨方正位，体国经野"。

方位体系的形成原因，似乎非常简单明了。对于正向方位系统而言，选择的理由非常明白，依据并不复杂的天文知识，可以比较准确地确定南北方向。以太阳定东西，以极星定南北。地球的自转运动造成了太阳的东升西落，东西二向因之建立。又地球自转轴在空间指向恒定不变，这一指向投影到地面，构成南北二向。因此地球的自转与太阳发生的联系，是人类得以建立恒定水平四向的物理基础。[1] 由这个角度来说，四正方位的确定，与天文地理都有关系。

　　确定了四正，也就确定了四维。为何古蜀不采用正南北方向，而选定一个斜向的方位系统，当初又是依据什么确定这样的方位系统的呢？

　　同在太阳下，却作出了不同的方位选择，那就得在大地上找原因了。我们将目光放大到成都平原以外，会看到西北方向有龙门山，西南方向有龙泉山，两山一大一小，却大体平行，都是东北—西南走向，今天的成都城正处在两个龙山之间（图12）。答案已经非常明确了，成都平原上的古城与现代成都城的位置，夹在两个龙山之间，建城设计的方位取向，应当是顺山势而定，是依地理定势为原则，似乎并不与天文相干。我们换个角度来看，如果城址呈正南北方向布列，可能还会给人一种不和谐的感觉。近来有人指出，古成都的中轴线，正处在天府的地脉中轴上，这个中轴与两个龙山平行。其实这并不是今人才有的认识，古蜀人早就有了这个方位感了。

　　这个大中轴的方向正是西北—东南走向，居然大约为45°！当然我们也可以从龙门山流出的河流看一看。大部分的河流的流向，

---

1　关增建：《中国古代的空间观念》，《大自然探索》1996年4期。

图 12　成都附近的山势

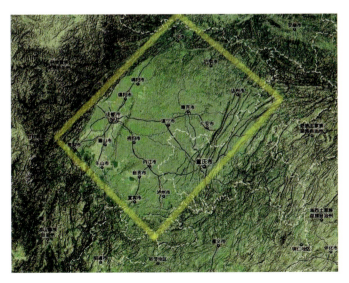

图 13　四川盆地卫星影像

大体与山势相垂直，也就是说河流是由西北往东南流的。这样，我们又可以说古蜀人建立的方位系统与河流也有关系。我们还可以设想，如果有一天找到了金沙古城垣，不用说它一定是按照东北—西南方位设计的，这是古蜀国的方位系统。身居平畴的古蜀人的方向感，来自离他们不远的大山与江河，并非来自过于遥远的星空。再说点多余的话，从卫星影像上看，整个四川盆地并非圆形，它特别像是一座方城，以广元、达州、泸州和雅安分别为北、东、南、西四维，大约也呈45°角倾斜。古蜀方位体系就产生在这样的地理态势中，天、地、人合一，充分体现了古蜀文明的发展高度（图13）。

其实选择第二方位系统的并不只限于古蜀人，与古蜀故地距离很远的东部沿海地区，就发现有第二方位系统的实例。而且具有中原文化因素的古遗存中，也发现有采用第二方位系统的实例。根据不完全检索，除古蜀以外，在中原及周边地区发现少量与主体方位系统不同的属于第二方位系统的例证，其中最重要的发现便是山西襄汾陶寺遗址，其他还有山西夏县的东下冯城址、山东阳谷的景阳岗城址和江苏连云港的藤花落城址等。

陶寺城址主体堆积属龙山文化时期，城址、建筑基址和墓葬的方位一致，属于非正向的第二方位系统。[1]遗址位于山西襄汾城东北汾河东岸、塔儿山（崇山）西麓，已发现城址的北、东、南三面城墙基址，城址方向为315°（一说312°），北偏西45°。城址东北部为早期小城，方向也是315°。西区探出大型夯土建筑基址多座，门道

---

1　中国社会科学院考古研究所山西工作队等：《山西襄汾县陶寺城址祭祀区大型建筑基址2003年发掘简报》，《考古》2004年7期；《山西襄汾县陶寺城址发现陶寺文化大型建筑基址》，《考古》2004年2期；解希恭主编：《襄汾陶寺遗址研究》，科学出版社，2007年。

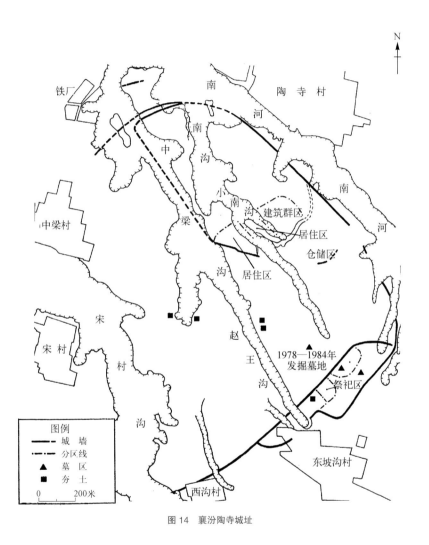

图 14　襄汾陶寺城址

朝向东南。此外还有大型宫殿址，据报道，方向为正东南225°。与大城方向偏离90°，应当是偏殿，不是正殿（图14）。陶寺城址东南发现大型墓地，1 000余座墓中，绝大多数头向东南或南偏东，也与城址方向一致。

显然陶寺城址是朝向正东南方向的，四角向着四正方向。从地理位置上看，城址东南为崇山（太行山），西北为吕梁山，两山平行夹峙，中间是汾河盆地，陶寺城正建造在盆地上。需要特别指出的是，两山的走势为西北—东南向，差不多接近45°，陶寺城的中轴恰与山势垂直，南北城墙与山势平行（图15）。

山西夏县东下冯遗址，主体堆积属夏文化年代范围，遗址中发现有商代城址、建筑和墓葬等遗迹。城址平面形状不规则，已探明部分东城墙走向为45°，西城墙走向为225°，城的中轴方向为45°，四角分别朝向四正，以四维对四正（图16）。在城西南角揭露一片建筑遗迹，最新的研究认定是一处用来储盐的仓房。仓房计有40—50座之多，纵横排列整齐，虽无明确的门道判明方向，但由它们的排列和内部构造分析，应当面向西南方向，与城墙方向一致（图17）。那里的墓葬，头向均为西北或东南，与城址方向一致。[1]

东下冯遗址同陶寺一样，也建在汾河盆地。它所在位置也很特殊，夹处东南的中条山和西北的峨嵋岭之间，两山均呈西北—东南走向。两山之间另有一鸣条岗，岗左右有涑水和青龙河，亦为西北—东南走向，这应当就是东下冯城址、建筑和墓葬方向的决定因素（表3）。

---

1　中国社会科学院考古研究所等：《夏县东下冯》，文物出版社，1988年。

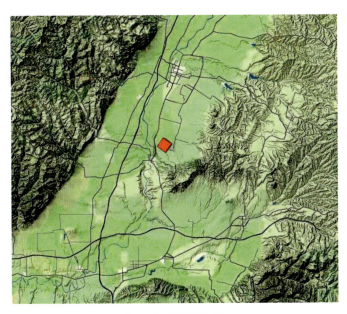

图 15　陶寺城址附近山势

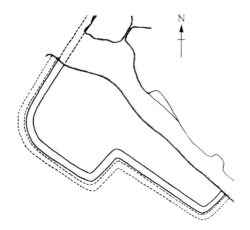

图 16　夏县东下冯城址

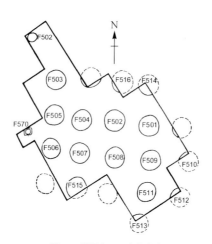

图 17　夏县东下冯建筑遗迹

　　　　　　　　　　　　　　　　　　　　　　造神运动

表 3　晋南龙山及商代城址方位

| 时　代 | 城　址 | 中轴方向 | 北维方向 | 备　注 |
|---|---|---|---|---|
| 龙山文化 | 陶寺城址 | 315° | 0° | 有资料说为 312° |
| 商　代 | 东下冯城址 | 45° | 0° | |

再看东部区域龙山文化时期的山东阳谷景阳岗城址和江苏连云港藤花落城址。

景阳岗龙山文化城址平面略呈圆角长方形，为东北—西南向，方向 43°。城址内发现大小台基 2 座，位于城址南部的大台基平面略呈长方形，方向也与城址一致（图 18）。[1] 距离景阳岗不远的皇姑冢新发现一座龙山文化城址，也呈东北—西南走向，平面形状与景阳岗城址相似。[2]

景阳岗附近虽然没有高山大川，但东南方向还是有西北—东南走向的阳谷山岭的余脉的，山与城的方向大体吻合。

藤花落城址位于连云港市国家级开发区中云乡诸朝村南部，处在南云台山和北云台山之间的谷地上。古城由内外两道城垣组成，外城平面呈圆角长方形，由城墙、城壕、城门等组成；内城有城垣、道路、城门和哨所等。内外城方向一致，轴向约为 55°，大体是四角朝向四正方向。在内城中发现 30 多座房址，有长方形单间房、双间房、排房、回字形房和圆形房等多种形状，门大多朝向西南，与现代民居方向一致（图 19）。[3]

---

1　山东省文物考古研究所：《山东阳谷景阳岗龙山文化城址调查与发掘》，《考古》1997 年 5 期。

2　孙淮生等：《阳谷县皇姑冢龙山城址的初步勘探与相关问题的思考》，《蚩尤文化研究》第二期。

3　孙亮等：《江苏连云港藤花落遗址考古发掘纪要》，《东南文化》2001 年 1 期；林留根等：《藤花落遗址聚落考古取得重大收获》，《中国文物报》2000 年 6 月 15 日 1 版。

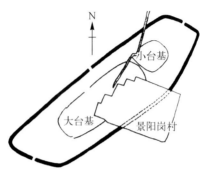

图 18　阳谷景阳岗城址平面图

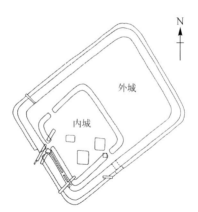

图 19　连云港藤花落城址平面图

图 20　连云港藤花落城址附近山势

连云港南云台山和北云台山之间的谷地，顺两山山势呈西北—东南走向（图20），与城址方向及城内建筑方向吻合（表4）。

表4　东部两处史前城址的方位

| 时　代 | 城　　　址 | 中轴方向 | 北维方向 | 备　注 |
|---|---|---|---|---|
| 龙山文化 | 山东阳谷景阳岗城址 | 43° | 358° | 以西城墙为准 |
| | 江苏连云港藤花落城址 | 55° | 10° | |

以上一些例证，都与古蜀方位系统具有相似的地理背景，这45°左右的方位倾角看似神秘，都是由古城址附近山势决定的。只是目前还不能确定是因为先有了固定的方位体系然后选择合适的地点筑城，抑或相反？也许两个动因都有。

还要提到，曾有人对湖北黄陂盘龙城的北偏东方位进行过研究，以为当地风向顺着河谷，其背后的滠水与澴水都是这个方向，这个方向可有效抵御北风的侵袭，多享受西晒的阳光，少些早晨的雾气。滠水与澴水所在又都是断裂河谷，这个方位可有效抵抗地震的破坏作用。郑州商城也用这个方位，郑州北偏东方向是冀中油田沉降带。这都说明商代大地构造学说有了长足的发展。[1]

如果是这样，再回头看成都平原上的古蜀方位，它正好与龙门山断裂带平行，是不是也与规避地震灾害有关呢？这一点似乎还不能遽下结论，我们还找不到更充足的论据。

正向、维向——第一、第二方位系统的选择，决定性的因素有同有异，光照与季风是优先考虑的因素，而地理态势也是一个关键因素。对于倾斜的第二方位系统来说，地理态势应当是决定性因素，

---

1　张哲：《盘龙城在商代社会的功用地位》，blog.cnr.cn/viewthread-83997.html，2010-4-29。

山势的走向往往决定了方位的选择。当然山势也是决定风向的重要因素，风向也是方位选择的一个出发点。

## 古代方位系统的传承

作为个体的人，需要有基本的方向感，这是行为的指导。在社会中生活的人类，从认识到确定自己在空间上的位置，是精神和物质上的双重需要，正是有这样的需要作动力，促进了人们对宇宙、对大地的认识。确定并认同了一个空间位置，也就确定并认同了一个方位系统。一个完善的方位系统的建立，可以看作是某个发达文明的一个象征，因为很多土著民族原本没有四方概念，或者仅有东与西、前与后的方位词汇，有的四方概念是从其他民族中借用来的，他们的文明还处在一种不发达的状态。

世界各地从古至今的方位系统，一般可以归纳为两大系统，即面东和面南两大系统，大体是西部世界如中亚远古居民面东，东部世界如亚洲腹地面南，在接合部则两种系统兼有。[1] 不论是面东还是面南，都是在四方概念基础上的应用，本质上并没有什么不同。在中国古代，面南是一个十分重要的传统，这个传统的确立，应当符合科学道理。有人会说面南背北的由来其实很朴实，是因为采光和通风的需要。中原地区及邻近大部分地区太阳是东升西落的，大多数地区的风向是春夏东南风，秋冬西北风，所以南向既可以有充足的光照，又可以避免直射的西晒，春夏有足够的风通堂入室以消暑

---

1　维舟：《面南背北：中国文明的方向系统》，weizhoushiwang.blogbus.com，2009-08-09。

散潮，秋冬又能挡住寒冷的西北风以护温保暖。

即使是先秦就已存在的南向系统，仍然可能来自农耕定居在生产生活上对东亚大陆的季风气候的适应。学者们研究中国城市形态变迁史，以为先秦城市选址以君王居室之宫殿和祖先祭祀之宗庙的宫庙建筑为主体，由于受大陆性季风气候的制约，宫庙建筑采取南北方向定位。[1] 中原这样的传统，应当有近 5 000 年的历史。于是就有了汉乐府《陌上桑》"日出东南隅，照我秦氏楼"，以及李白"日出东方隈，似从地底来"这样的诗句。

当然，先秦时代所谓的南向，并不是严格的正南方向，我们在所有发现的城址中并未见到正南方向。比较而言，以南略偏西者为多，基本上是商代的传统。南略偏西即是北略偏东，所以过去有学者研究说，商人尊东北方位，他们注意到商代的城址、大型夯土建筑等重要遗迹的方向是北偏东。由此推定，因商族起源于东北的古渤海湾一带，所以商代都城规划中重东北方位的经营，如郑州商城、偃师商城和洹北商城等，莫不如此。[2] 不过商代的这个方位传统为后来的城邑规制所继承，应当与商人原有的观念有所不同，或者只是依例行事而已。严格的正南北向（磁北）的城邑出现于汉代，汉长安城的建制即是如此，从那以后就再也见不到商代方位传统的影子了。

但如古蜀这样特别的方位系统，并没有因为古蜀的消亡而消亡，我们看一看今日的成都街区道路系统图，依然还能看到明显的古蜀

---

1　李孝聪：《古地图和中国城市形态变迁史》，载香港城市大学中国文化中心编：《历史地理——中国文化中心讲座系列》，香港城市大学出版社，2002 年。

2　杨锡璋：《殷人尊东北方位》，《庆祝苏秉琦考古五十五年论文集》，文物出版社，1989年；朱彦民：《殷人尊东北方位说补证》，《中原文物》2003 年 6 期。

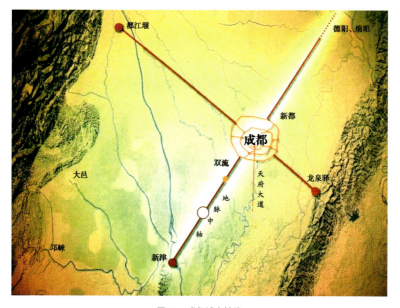

图 21　成都城中轴线

方位系统的影响。成都的中轴线是斜行的，走向由东北向西南，接近 45°。经历了数千年的传承，古蜀时代的方位系统仍然存在。成都的建城始于古蜀金沙时期，最初就采用了"维向"方位系统，形成了偏斜的中轴。这条偏斜的中轴以及后来沿这条轴线建筑的秦大城、唐罗城中发展出的方格路网结构，一直沿袭到了明代初年。朱元璋之子朱椿被封为蜀王，在城中心修建蜀王府，蜀王府按正南北中轴线布局，形成类似紫禁城的东西对称的庞大建筑群，旧址在今日天府广场北端和展览馆一带。[1]虽然现在看到的中心广场是正南北

---

1　四川省文史馆：《成都城坊古迹考》，四川人民出版社，1987 年；《明史·李文中列传》。

向的布局，但那明显是明代城市改造的结果，参考了中原古老的主体方位系统。两个方位系统在一个平面上得到了体现，尽管不那么和谐，却让我们看到了两个传统的交汇（图 21）。

我们再来看晋南古代方位体系传承的例证。4 000 多年前的陶寺城，3 000 多年前的东下冯商城，都采用了"维向"方位系统。有意思的是，到了战国时期，位于夏县的魏都安邑城，仍以约 45°的方位建城。[1]

前已述及，连云港藤花落古城址内的现代民居，依然保留着4 000 年前古城时代的方位系统，房门仍然朝向西南。我们可以相信，这也是承自史前的传统。

以上是第二方位系统传承的例证，至于第一方位系统的传承，为主流传承，这里就不赘述了。方位系统是一种非常典型的文化印记，对它进行传承的动力是非常强大的，不易改变。

最后还要说明的是，中国古代在两大方位系统之外，还有其他一些特别的方位个例，因为没有普遍意义，所以不必过于关注。

通过翻阅大量考古资料，我们知道在古蜀文化中存在一个特别的方位体系，城邑、居址、墓葬乃至祭祀场所，都统纳在这个方位系统中。这是一个斜向方位系统，不同于中原主体正向方位系统。由考古发现的资料可以论定，中国古代存在两个方位系统，一是以方、面（中轴）定向，一是以维、隅（对角）定向，分别用第一和第二方位系统称呼。以三代时期而论，中原地区主体属第一方位系统，而古蜀区域属第二方位系统。两大方位系统的形成，分别与天

---

1　中国科学院考古研究所山西工作队：《山西夏县禹王城调查》，《考古》1963 年 9 期。

文和地理相关，其深层原因还需要进一步探讨。两个大方位系统的传承与改变也有脉络可循，这对于研究不同文化间的互动关系，也是一个很好的切入点。

原文名为"四正与四维：考古所见中国早期两大方位系统——由古蜀时代的方位系统说起"，发表于《四川文物》2011年5期。

# 向往阳光

大家下午好，我接到这个会议的通知，时间比较晚，大约是在开会之前 10 多天，所以准备得比较仓促，我自认为我这个题目还有点意思，但是呢，没准备好，所以，不一定说得很周全。讲的时间，我尽量控制在 15 分钟以内。

一般来说，一个族团，一个考古学文化，会固守一个方位系统，这是文化传统很重要的内容。这个方位系统左右着生者居址和死者墓址的规则，是一个生死坐标。

红山文化拥有自己特别的方位系统，它明确指向东南方向，房址门向东南，墓主头向东南。这个方位系统的形成，首先是自然选择的结果，是出于趋光和避风的目的；然后才是社会约束的结果，是文化传统所起的作用。当然这个传统可以承自先行文化，也会延伸到后续文化。可以认定，红山文化的方位系统承自年代更早的兴隆洼文化和赵宝沟文化，也影响到了后来的小河沿文化和夏家店下层文化。

东南向的方位系统，还在蒙古族的生活中保存着，也对现代城市与乡村的方位选择产生了强烈影响。

讲方位体系，我用一张示意图来说明。假设这就是红山的方位体系。这个方方的房子，它的门朝这个方向，朝向东南方向。我们

　　　　　　　　　　　　　　　造神运动

读考古报告，一般都提到一个方位数据，但是好像没有太强调，没有进行统计分析。我们说这个方位体系不是一个小问题，它是一个方位取向，是一个文化传统。

我刚才和郭大顺先生讲了，今天早上我在电脑上打开卫星地图，找我们赤峰学院，在赤峰学院看到周边的房屋建筑，包括一些小区，你们猜猜朝哪个方向？几乎95%都是朝着东南方向，是不是？

后面我还要说整个赤峰城也几乎是，不仅仅是赤峰，周围很多城市的主城方向，都是朝向东南。这个现象非常有意思，这似乎说明我们现代，与红山依然保持着一些关联，这个是红山文化的传统，咱们现在还在承续着。

红山有自己特别的方位系统，它明确指向东南方向。那时的房子一般是门向东南，当然墓葬也应该向着东南，可是也有例外，因为它不是或者说不完全是，它只是部分是。限于资料的关系，我今天在这里没有过多涉及红山文化墓葬。如果在别的文化里边，居址与墓葬都是同一朝向，属同一个选择传统。

红山文化也有它的特别之处。至于为什么是这样，我们不能解释得很周全，我用四个字概括，叫：向往阳光。这可能是红山人的一个目标或一个想法。一定还有更多更有说服力的理由，才有这个方位的选择。我找到几个例子，因为我手边资料不是很全，尤其是新资料比较缺乏，现在就我找到的几个例子来说一说。

一个是巴林左旗二道梁遗址，F15。这个房址是明确朝向东南的，它的门道，红山有些房子的门道是突出一块，朝向东南；还有两座房址，F7也是这样，是朝东南的（图1）。

再看赤峰的魏家窝铺遗址。魏家窝铺这个房址方向有点乱，可

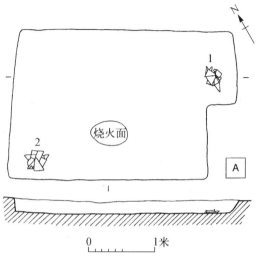

图 1　巴林左旗二道梁遗址红山文化 F5

能不同的时期有不同的方向，但是还是以朝向东南方向的为多，这个占到半数。其他有东北向、西北向，甚至西南向，这么多方向的房子，还是以东南方向为多，这是比较大的一个聚落。

还有一个要提到的是翁牛特旗二道窝铺遗址。那里发现 3 座房址，明确报道两座朝向东南方向，一个是 150°，一个是 158°。

又如林西白音长汗遗址，主要遗存属于早期文化，属于红山文化的一座房址，方向 111°，也是朝东南的。

还要特别提到一个例子，刘国祥在敖汉兴隆沟发现的那座出土全身人像的房址，门道的朝向存有疑问。我记得我在现场和专家讨论过，因为保存不好，门道不太清楚，所以朝向不明。我觉得也应该是向东南，比较低一点。那么人像原来摆放的位置，和现在摆放

　　　　　　　　　　　　　　　　　　　　　　　　造神运动

的位置可能正好差了90°。它是朝西南摆的，现场的展出是这个样子。我觉得应该变一个方向。变一个什么方向？其实应该朝东南，变到朝向东南方向。

再就是更重要的牛河梁遗址，也有一些和方位有关的发现。牛河梁遗址的整体方位，过去在座的有些先生也做过研究。我感觉整体的坛冢是取南偏东方向的，应该是20°或20多度，不像居址那么明显朝向东南。还有这样大的坛冢，我看到有些发表的图上方向非常正，但在另外一些图上，它是南偏东方向，也应该有20°或20°左右。那个女神庙都是这个朝向，门道不清楚，报告没有提到。女

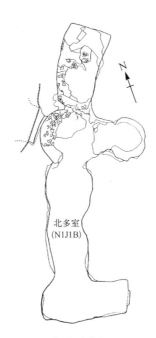

图2　牛河梁女神庙平面图

向往阳光　　　　　　　　　　　　　　　　　　　　　　141

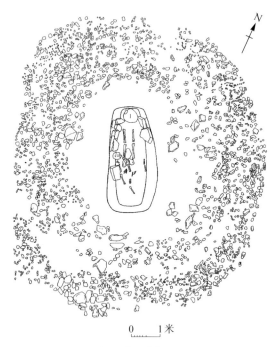

图 3　牛河梁第 2 地点 4 号冢 M5

造神运动

神庙应该也是20°，也不是正方向（图 2）。特别是第二地点 4 号冢 M5 明确为东南向（图 3），当然见到的积石冢更多的是东西向。

这一整个牛河梁遗址二区，这个分布图居然也没有这么正。牛河梁报告，让人相信它是正方向的，现在看大图，整个布局趋势却是南偏东方向的。但是在一些细部图上，又非常正，所以我有点疑惑。

当然也还有例外，同属红山文化，有的房址的方向并没有朝向东南。比如说翁牛特旗老牛槽沟的四组房子都朝西南，可能与具体的地势环境有关。

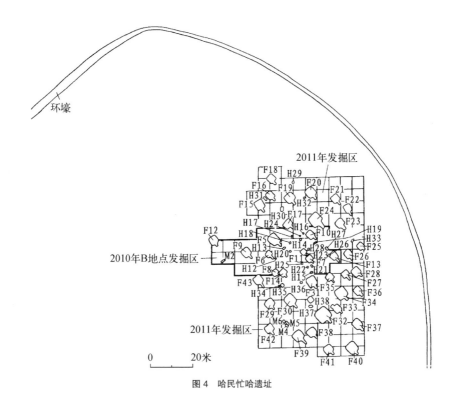

图 4　哈民忙哈遗址

另外与红山文化关系非常密切的一些地点，也有值得重视的发现。比较典型的就是科左中旗哈民忙哈遗址的发现，遗址布局非常规矩。当然有的学者叫哈民忙哈文化，至少我觉得它和红山文化非常接近，所以也有学者把它归到红山文化系统里边。这个遗址发现了那么多的房子，居址平面成排或成组分布，一般呈东北—西南走向，门道朝向一致，为东南向，排列比较整齐（图4）。房址都是半地穴式，平面呈"凸"字形，有长方形门道和圆形灶坑。2010年发掘房址14座，门道多呈长方形，门向集中在130°—145°之间。2011年发掘房址29座，门道多呈长方形，门向集中在130°—145°之间。我们看这个大范围的分布图，太整齐了，我觉得这个才是非常标准的能够体现红山文化方位体系的代表性遗址（图5）。

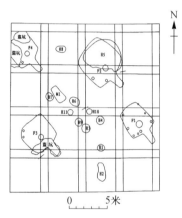

图5　哈民忙哈遗址的部分房址

现在红山文化中像哈民忙哈这么大的居住址没有发掘到，所以对红山文化本身的印象还不是十分清晰。看哈民忙哈遗址的这个房址，规划得非常规矩，偏差没有多少，也就是十来度的偏差（图6）。

从这些图片看红山文化聚落，表现出一些明确的共性。我们在很多报告上都读到，说遗址坐落在"坡岗的阳坡"，房屋分行排列，呈东北—西南走向。这说明居住址的选择，有一些固定的条件，首要的应当是向阳。房屋建筑一般都呈分行排列，东北—西南走向，

　　　　　　　　　　　　　　　　　　　　造神运动

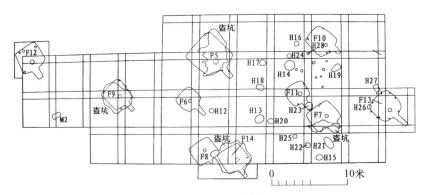

图6　哈民忙哈遗址房址布局

或西南—东北走向。这样一来，就很自然地规定了门道的方向，这个房屋的门道一定是向下坡的方向，下坡的这个道就是东南的方向，这很自然。为什么是这样，我不想说得太多，但是后面我要说到其他文化的方位体系可能谈到一些理由，这里我觉得山势和河流的走向应该是很重要的原因，为什么呢？就是一个主要目标是要朝阳，再一个就是要避风。

但是说起避风，后面我又举了一个例子，它还有朝东北向的，这是个很怪异的选择。我开始还以为是发掘报告弄错了，仔细核对发现没有问题。这样的例外也需要解释，还有待更多材料的积累。

我们还可以从更大的地理环境寻找答案。在红山文化分布的区域，辽河及西喇木伦河的河流方位走向基本上是西南—东北向，这也是顺应大的山势走向的结果。这种倾斜的地理形势，也是人类选择方位系统的一个重要的先决条件。

我们对红山文化方位体系的传承进行了初步考察，也有比较重

图7　克什克腾旗南台子兴隆洼文化居址

要的发现。

　　先看渊源，从兴隆洼文化说起。属于兴隆洼文化的克什克腾旗南台子遗址，发现 32 座房址，居址的排列也是东北—西南顺序，房址的门道朝向坡下，朝向东南，和红山文化是一样的（图 7）。再看阜新查海遗址，发现 55 座房址，报道说门道不明显，但是能看出来门道是在东南角位置。林西白音长汗遗址的 30 座房子，就是我前面说的很特别的例子，门道向东北，这是个非常例外的发现。敖汉兴隆洼遗址那么多房址，没有发现门道。今天我问了刘国祥，报告简报上说是中间有一个出口，恐怕不是这样，还是应该朝向东南方向的下坡位置，因为它是一个坡形，都被破坏掉了。

　　我们看图片：这是克什克腾旗的南台子遗址，房址东南向，排列很整齐。这个是阜新查海遗址，门道明确的基本上都朝东南，因为很多门道不太清晰，不确定是否完全一致。这个白音长汗遗址，刚才说了是个例外。

　　　　　　　　　　　　　　　　　　　　　　造神运动

这是我们说的一个溯源所在，说明东南朝向的红山文化方位传统，可以追溯到兴隆洼文化时期。

再看晚于兴隆洼文化的赵宝沟文化。赵宝沟文化房址门道的选择，也依然以东南为主要的方向。敖汉赵宝沟遗址居址选择在一坡岗东南坡，有明显门道的房址可以看出朝向东南，如F6、F9就是如此。敖汉小山遗址有两座赵宝沟文化房址，平面方形，虽然不见明确门道，但东南壁方向见有路土和踩踏痕迹，方向应为东南朝向（图8）。林西水泉遗址赵宝沟文化17座房址，分四行由西南往东北方向排列，门道朝向东南。这些发现说明，赵宝沟文化承前启后，将东南朝向的方位系统上承下传。

再看后红山文化——小河沿文化，它的方位系统有没有改变呢？翁牛特旗大南沟，发现一处大型墓地，不同分区的墓向不同，少数墓朝向东偏南方向。比较稳定的是扎鲁特旗的南宝力皋吐遗址，它继承了红山文化的传统，墓葬方向在110°—160°之间，203

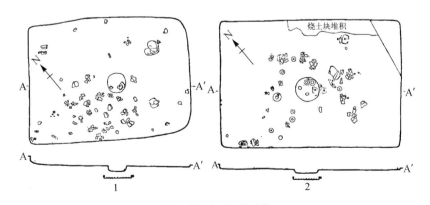

**图8　敖汉小山赵宝沟房址**

1. F1 平、剖面图　2. F2 平、剖面图

座墓葬排列非常整齐，朝向东南方向。几次的发掘，发现墓葬都基本为这样一个方向。第一次的发掘结果是："所有墓葬的方向都在110°—160°之间，为东南—西北向，头向均朝向东南。"（图9）后来在 C 地点发掘 37 座墓葬，"墓向集中分布在 125°—145°"，从附图看头向也朝向东南（图 10）。

到了夏家店下层文化时期，好像有点变化。赤峰的二道井子遗址发现 149 座房子，多为地面式建筑，外侧有门槛，两侧置有门墩，门道都朝向西南。这跟红山文化不太一样，这个传统就有了明显的变化，可以感觉到外来文化影响的存在。

好了，我们也许有兴趣了解现代的情形，那就看看蒙古包。我见的蒙古包不多，但是看到搜索的材料，据说它的门一般朝向东南方向，就是帐篷扎一个门道，门向东南。

蒙古包是如此，现代民居、现代城市，它们的方位选择，会不会有什么特别之处？

我检索到的是林西、巴左、巴右、喀喇沁、奈曼、建平、阜新城区的卫星图片，无一例外都是东南朝向。远一点的呼和浩特、锡林郭勒、巴彦淖尔，这些主城区的建筑也都面向东南。近一点的朝阳，分东南和西南两个主要方向，有一点不同。

附近，一般的民居，你不用跑到村子去看，你就到卫星地图上一搜索，这一带民居的朝向，基本上都是朝东南向的。我们看一下收集到的图片：这是巴左，东南向。这是巴右，东南向。这是建平，东南向。这是林西，东南向。这是阜新，东南向。还有远一点的，锡林郭勒、呼和浩特，都是东南向。

再看我们赤峰的路网，主要的路网是东北—西南走向，它的房

　　　　　　　　　　　　　　　造神运动

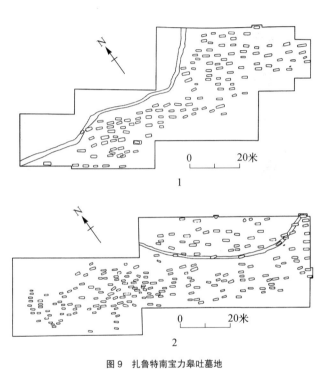

1

2

**图9 扎鲁特南宝力皋吐墓地**

1.北区墓葬分布示意图 2.南区墓葬分布示意图

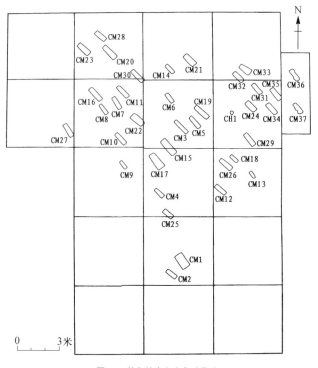

图 10　扎鲁特南宝力皋吐墓地

C 地点墓葬分布平面图

子也是这样。你看赤峰现代城区路网和建筑，大体都归属于这个古
老的东北—西南朝向的方位体系。

　　方位、四方的概念出现很早，完整的记述见于甲骨文字，但并
不是最早的，应当可以追溯到史前。不同文化共同体的人们，有一
个传统在左右他们对方位的选择，这个是很重要的传统，慢慢形成
方位体系，生死都受这个体系的约束。房子的方向，墓葬的方向，

都受到这个方位体系的约束。

我们知道中原文化中的方位体系，基本是正南正北。这个体系有一个起点，真正的起点在汉代，汉唐的长安就是一个重要的标杆。你再往前追溯，到陶寺，山西那边的陶寺，包括西南古蜀的传统，有一个和红山文化类似的方位体系，都不是面对正方向的方位体系。

我把古代中国方位体系归结为两个传统：一个是正向的，就是四边端端正正面对四方，正中轴是正南北的；还有一个中轴就是东北—西南的。现代的成都城就是如此，它是东北—西南方向的，它的北边是发生大地震的那个龙门山，南面有一个龙泉山，两座山夹着，这个对夹的角度差不多就是45°，把这个城夹在中间，这个城的方向就和河道、山脉的走向吻合。陶寺也是如此，也是45°的角。它也和那里的地理态势吻合，也是两山斜夹一城。这样看来，古人是因势筑城的，当然也可以反过来说，人们应该是有了这个传统以后，按照这个标准选择了这个地势，筑城也好，筑墓也好，建房也好，很自然地就解决了观念中的方位问题。在开始的时候一定是有观念在那，有一些理由吧，慢慢就形成了这样一个传统、一个体系，形成这么一个规范。

从世界范围讲，过去研究者总结出存在两大传统方位体系：一个是正南北的方位体系，一个是正东西的方位体系。但并没有提到古蜀那样的西南方位体系，也不了解红山文化这样的东南方位体系。刚才我们也说到红山文化的墓葬，其实红山的墓很多是东西向的，这也很值得注意。可以这样推论，正南北的方位体系一般是农耕民族的选择，可能是一个核心的选择。正东西的方位体系呢，可能和游牧文化有关系。咱们这个红山文化也好，后来的蒙古族也好，为什么选择了东南方向？这个方向介于那两个系统之间，是很值得关注的一件事情。这个问题我觉得还可以进一步研究。

本来后面还有很多例子要讲，说说对其他地方方位选择的资料的整理，因为时间关系呢，我就不讲了。

好，谢谢各位！

（根据演讲录音整理）

本文原名为"向往阳光：红山文化方位系统——2015年8月11日在赤峰红山文化第十届高峰论坛上的演讲"。

# 神话的真相

## ——代跋

　　每一个民族都拥有原创神话，口耳间相传一些遥远的故事，它是民族历史古老的记忆。神话从诞生的那一刻起，就似乎只存在于那古老的话语版本里，一代代人在口传或文字里接受神话的洗礼。考古学诞生以后，我们有幸看到了历史遗留下来的许多图像神话版本，神话的形色细节开始透过眼睛进入我们的大脑。这个转变来得并不十分顺畅，以前易于听懂的故事，现在未必一眼就能从图像中观看得明明白白。依仗智者的引领，我们才有可能通过古老的图像悟出神话的真相，发掘出其中隐含的历史信息。

　　叶舒宪的新作《图说中华文明发生史》即将出版（南方日报出版社，2015 年），他嘱我写个序文，我迟迟不敢动笔，因为觉得跟不上他思维的节奏，而且我们问学的始点和角度并不相同。但看了他的书稿，却产生了共鸣，或者说还感受到了一种震撼。他的书告诉我们，神话不仅变得可以看见，可以触摸，神话居然放射着信史的光芒。我还发现，自己和叶舒宪有一些共同的研究节点，对那些熟识的古物，我们所知所见略同，如商代玄鸟与猫头鹰的表里关联。他的这本书从头至尾读来，很像是一部考古学著作，使用了大量考古资料，又较之一般考古学著作更显缤纷之色。一方面，图文并茂使阅读变得更加轻松；另一方面，让图像叙事引领文字叙述或理论阐述，凸显出一种知识考古的趣味。想来这篇序文，倒是可以写作，可以说一说考古学与神话学的瓜葛。

看了叶著，感觉像跟随智者探访了神话后面的真实历史图景。他由神话文本解释考古图像，借此探讨文明发生的过程，重新解读神话中的历史真实。叶著借用人类学的术语"大传统"和"小传统"，给予颠覆性的重新定义，即始于无文字时代的传统为大，文字记录的传统为小。他由此将中国古代文化区分出大传统和小传统，认为玉石是中国大传统的象征符号，神话观念是大传统的文化基因。将玉石与神话的意义提升到前所未见的认知高度，这也成为叶著的突出特色。叶著认为，《山海经》在小说形式中蕴含着某种信史的信息，在神话与历史之间架起了一个沟通的桥梁。他探索的中心是"从宗教和神话看中华文明发生"，具体是由玉的神话解读中华文化的"原型密码"，并把驱动玉文化发生发展及跨地域传播的动力归结为前中国时代就已形成的一整套神话信仰观念，简称为"玉教"。他还从熊龙图像与文献考述祖先神话，由玉钺考察王权神话，进而探讨尧舜传说，由神熊崇拜追溯夏王朝的信仰传统，由玄鸟崇拜考察商族来历，又由凤鸟传说研究西周王权神授的信仰本源。三代神话都有考古图像印证，两个体系合一，这是对中华文明发生过程的一个简洁而完整的新描述。

叶舒宪的这些讨论都依从了他自己首倡的"四重证据法"，有文，有史，有图，有真相。2009 年，叶舒宪组织启动中国社会科学院重大项目"中华文明探源的神话学研究"，由语言文学同考古学、历史学等互动，意识到前文字时代"物的叙事"对于文学人类学研究的重要意义，提出以"四重证据法"作为中国文学人类学的方法论基础。所谓四重证据法是：传世文献、出土文献和文字、人类学的口传与非物质文化遗产、考古图像和实物。正是由这个基础出发，叶舒宪提出由人类学、神话学视角进入中华文明探源工程的整合研究思路，以大量考古学实物为基础材料，充分调动人文解释学的阐释力，"让无言的出土器物发出声音，甚至说出话来，从中探索无文字记载的远古时代的社会和文化信息，从而重构出失落的历史线索"。叶舒宪强调，要充分借鉴国际上比较神话学研究的跨学科经验，他认为：

中华文明探源工程缺失了神话学视角，阻碍着考古学素材和人文学科阐释之间的沟通。物的叙事这一视角恰好能够弥补这一缺失。如今的比较神话学研究，已将神话叙事的概念应用到图像和文物之上。从整合性视野看，神话是作为文化基因而存在的，它必然对特定文化的宇宙观、价值观和行为礼仪等发挥基本的建构和编码作用。

我们知道，这个文明探源工程是由考古学家主导的，它重视的更多的是实证，但对于实证的解释又非常谨慎，不敢越雷池一步。特别是回避了神话与传说的研究途径，这反而削弱了实证的作用。在这个时候，走出考古学的学科壁垒，向其他学科求援是一条必由之路，叶舒宪带来了一路援军，我们应当张开双臂欢迎。

通过实践四重证据法，叶舒宪的神话研究已经走出书斋，走向了田野，走向了博物馆和考古现场。我觉得他大体完成了考古与神话的对接，而且是系统的对接。他尝试的这种研究方向，可以称为图像考古，也类似于一种重建失落的历史脉络的知识考古，可以链接的考古学分支学科是认知考古学。

神话与真实之间，可以这样对接么？叶舒宪的回答是肯定的，当然这种对接其实并不容易，作者完成的是在神话与考古之间的对接，或者可以称为虚与实的对接。我觉得这个对接获得了很大成功。这个成功，既解释了神话，更解释了考古，两全其美。这样的解释，让考古人重新认识了神话的价值所在，也使考古在神话里体现了自己的价值。

考古与神话，作为学问而言，似乎本无什么联系。神话很古老，老到数千岁以上；考古很年轻，年轻得只有百多岁。在神话学那里，两者早先互不相知。在考古学这里，两者相识但互不搭界。

但它们有两个共同点，一是内涵都很古老，二是魅力都很强大。这样想来，它们又注定是搭界的。

考古学家在很长时期都排斥神话研究，他们不知考古获得的信证很多都与神话有关。我们所研究的那个时代的人，都生活在历史建构的信仰中，而信仰的表现形式主要是神话。可以这样说，没有神话，那一段历史便无所凭依。没有文字的时代，神话以考古图像的方式保存着，神话中有很真实的历史。神话一直被归属文学范畴，神话叙述不论是口传或是以文本形式存在，都是描述式的，都是通过受者各自的想象进行二度创作后保存并传播的，所以改变也是不可避免的。但古老的图像却保存着神话相对原始的面貌，是更可信赖的史实。以考古图像求证神话的本源，以图像神话求证历史的真相，顺理而成章。考古为寻找本原神话，为重建神话体系，是可以作出贡献的。

当然，在神话、考古与历史之间，并不能简单划上等号。要研究各自的表达体系，找到它们的吻合点。这个过程不是个别事项的比对，而是整体系统的观察。叶舒宪的新作进行了这个整理工作，我觉得他找出了许多的吻合点，所以他划上了一些比较确定的等号。

当然早期文明史并不都在神话里，但神话却可以勾勒出这样一个大致的历史轮廓，这已经令我们大喜过望了。

神话是思想的历史。考古研究擅长研究物，考古人似乎还没有准备好，或者说还没有足够的素养从事神话研究。所以不屑或排斥神话的研究，也是可以理解的，但并不能认为这是正常的。

神话的真相，就存在于考古之物证上，只是过去对这些物象缺乏中肯的解释。叶舒宪对这些物象非常关注，他说："物的叙事带来的信息足以解释文献叙事的所以然，从而帮助今人重新进入历史。"他认为在考古发现的图像叙事和实物叙事中，可以解读出神话思维，辨识出神话叙事，可以发现神话意象。他认为"以往的神话研究大多属于纯文学研究，所看到的只是文学文本。未来的神话研究将拓展到文字以外的新材料，称为物质文化或物的叙事"，这便是他所说的"第四重证据"。[1] 这样就可以"重估从炎黄始祖到尧舜禹汤文武的圣王叙事谱系，构建出一幅以新知识视角为观察点的中华文明发生历程之全景图"。

---

1　叶舒宪：《玉的叙事与夏代神话历史的人类学解读》，《中国社会科学报》创刊号，2009年7月1日。

叶著是部普及性著作，我觉得一般读者是可以读懂这"全景图"的轮廓的。这个研究是开创性的，我们不会要求它一开始便那么尽善尽美。这个研究还会深入下去，我相信今后一定会看到更完备的结论。

　　本文原为叶舒宪《图说中华文明发生史》序，载叶舒宪著:《图说中华文明发生史》，南方日报出版社，2015 年。

# 插图目录

## 天国之门

# 神车无轮

# 四神问疑

# 神掌五方

## 向往阳光

# 凡世与神界书系

◆ 日月崇拜

艺术考古随记之一

王仁湘　著

◆ 动物有灵

艺术考古随记之二

王仁湘　著

◆ 造神运动

艺术考古随记之三

王仁湘　著

◆ 王者仗钺

艺术考古随记之四

王仁湘　著

上 海 古 籍 出 版 社